KB270261

3

오늘도 냠냠냠

3

서울·인천·경기의 정겨운 맛집들

조경규 글·그림 방현선 사진

송송책방

대를 잇는
김용기과자점

又來屋

차례

"

오늘도 냠냠냠
35화 충무로 진고개
불고기 냉면
嗜好食
불고기
生둥심
게장
선선한 바람이 기분 좋게 불던 화요일,
을지로3가에서 성진이를 만났다.

성진이가 누구냐고?
곱창전골
Stadard Chartered

20세기 말 내가 운영하던 웹사이트를 통해 알게 된 동생으로, 그때도 지금도 호주 시드니에 살고 있다.

지금까지 서울에서 4-5번, 시드니에서 1번 만났을 뿐이지만
이거부터
선물은 아니고
응? 뭔데요?

자주 연락을 주고받는 사이다 보니 맨날 만나는 친구 같다.
니가 우리 집에 3년 전에 놓고 간 옷
이야! 이게 거기 있었어요? 여기저기 엄청 찾았는데

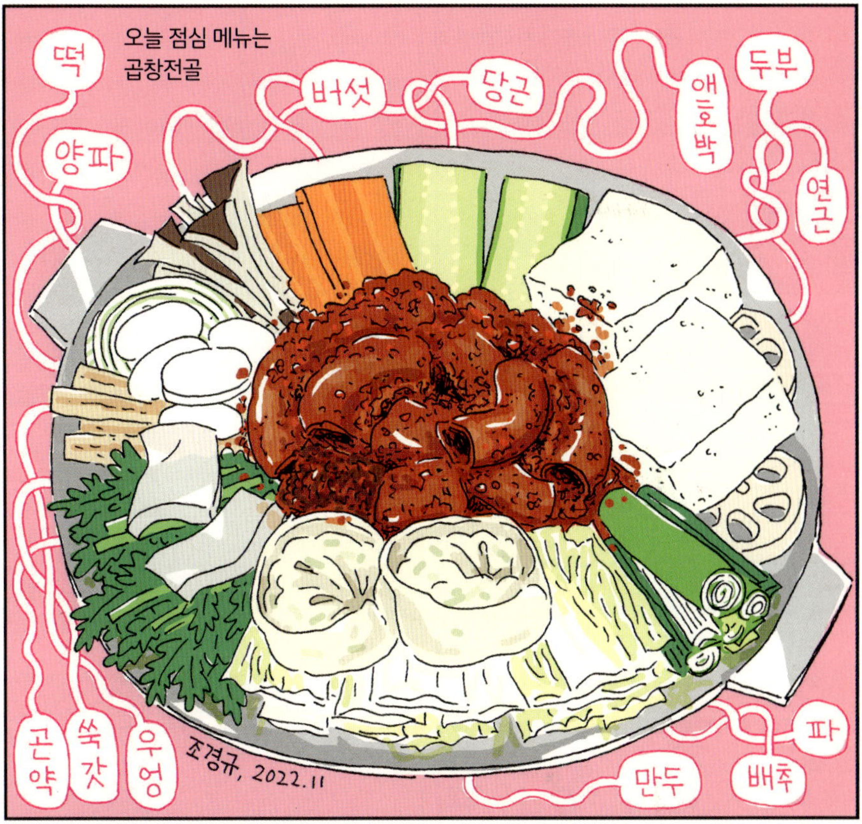

오늘 점심 메뉴는
곱창전골

떡
양파
버섯
당근
애호박
두부
연근

곤약
쑥갓
우엉

조경규, 2022.11

만두
배추
파

곱창전골이 끓기 시작하면
직원분이 가위로 자르고
잘 익는지 지켜봐 주신다.

전골 다 익을
때까지 잠시
이 집을 소개
하자면

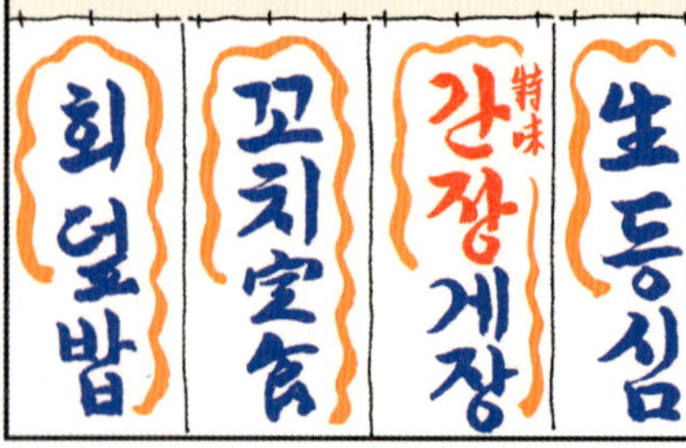
1961년 개업했으니 나보다 한참
더 오래된 집으로, 식당 안팎에서
노포 레트로 감성이 폭발한다.

회덮밥
꼬치宝盒
特味 간장게장
쏘등심

서울의 오래되고
규모 있는 식당이
그러하듯
나이 지긋하게
드신 매니저가
입구를 지키고
계시고

늘 기대하고 가면 안 되겠지만
지난번엔 이런 것도 막 주더라.

와, 감사합니다

호박잎
쪘는데
한번 드셔
보세요

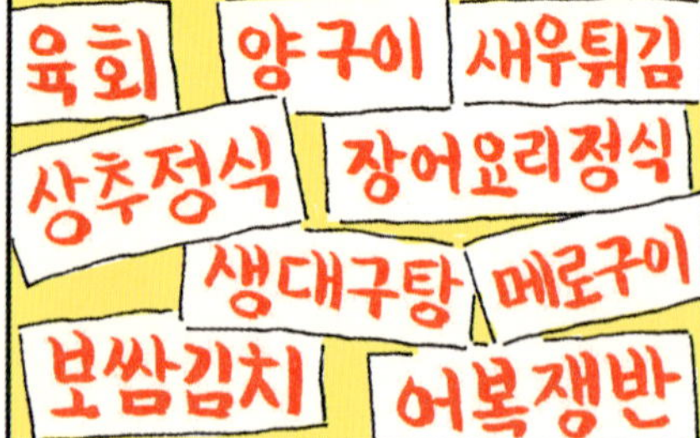
이래도 되나 싶을 정도로 메뉴 종류가
다양하고 가짓수가 많은데, 나오는 걸 보면
하나같이 맛있고 굉장히 독특하다.

육회 양구이 새우튀김
상추정식 장어요리정식
생대구탕 메로구이
보쌈김치 어복쟁반

꽤나 매콤한 양념게장은 그나마 익숙한 비주얼

갈비찜은 계피향 나는 맑은 국물에 담겨 나오고

갈비탕에 삶은 달걀이 통째로, 만둣국엔 반숙 계란 후라이가 풍덩 들어 있어 이채롭다.

따로 주문하는 오이소박이도 유명하다. 아내 말로는 시원하고 산뜻하다더라.

20년 전부터 종종 먹어온 도시락도 구성이 재밌고 말야.
오이소박이
야채튀김
고등어
우엉조림
햄+ 달걀 말이
마늘 장아찌
갈치
생선전

진한 곱창전골도 진미 중의 진미
보글보글

얼마나 맛있냐 하면, 국물 한 숟가락 맛본 성진이 왈
후루룩
Standard Chartered

여기 참이슬 하나 주세요
네—
LFC
Standard Chartered

형은 술 안 하잖아요

그래도 건배는 해야지
잘 왔다
짠—
헤헤

이거 뭐라고 하죠?
요게 진짜 부드럽고 맛있는데요

그거 양 아닌가?
소의 위
아, 양
어?

아니, 곱창을 왜 안 드세요?
맛있는 건데

어떤 집은 껍질만 주던데, 우리 건
곱도 많이 들어 있고 한우 곱창이라서
씹을수록 고소해요. 드셔 보세요

안 먹긴요. 아껴 먹는 거죠

내가 소곱창을 얼~~마나 좋아하는데요.

크기도 큼직한 게 어쩜 이리
매끈하고 보드라운지

정말 씹을수록 고소~하구나!
쪼-옥
Standard
Chartered
LFC

아주 밥도둑이야
밥도둑
술도둑이네
이거

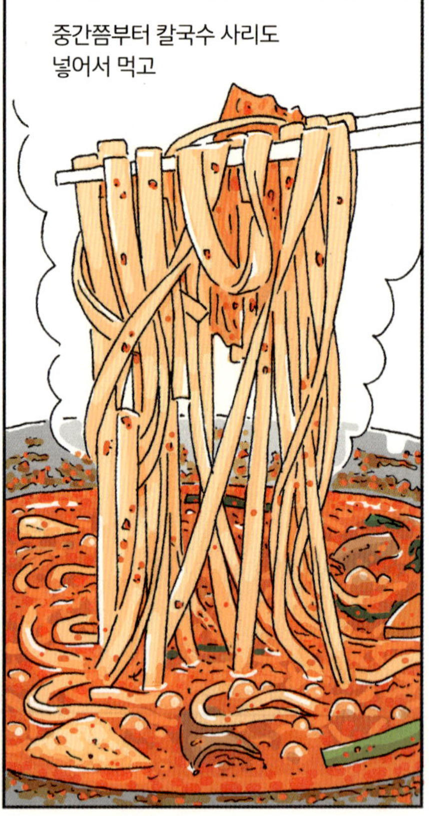

중간쯤부터 칼국수 사리도
넣어서 먹고

캬- 이런 집 시드니에
하나 있었음 좋겠다!
근데
이 녀석
밥은 별로
안 먹었네.
이상하군

딸 세리도 많이 컸겠다. 12살인가?
네, 요즘은 블랙핑크 좋아해서 마루에서 TV 보면서 춤도 추고 그래요.
매일 직접 만드는 보리차, 여름엔 차게 겨울엔 뜨겁게 나온다

시드니에도 K-POP 바람이 막 부나봐
그럼요. 학교에 가면 다른 나라 친구들도 다 아니까 같이 좋아하고 얘기도 하고

손흥민도 유명하죠. 호주 사람들이 유럽 리그 많이 보거든요. 한국에 대한 인상이 몇 년 새 많이 달라졌죠

물론 좋은데, 그러면서 책임감도 많아졌어요. 더 열심히 해야겠다는
LFC
Standard

짜식, 어른 다 됐네
근데 여기 곱창전골 진짜 맛있다

좀 걸을까요?
좋~지
충무아크릴
모텔

진고개

충무로점 주소 서울 중구 충무로 19-1 **전화** 02-2267-0955 **영업시간** 11:00-21:30 / 15:00-17:00 브레이크타임 / 1, 3, 5번째 일요일 휴무 **동대문점 주소** 서울 종로구 종로 301-1 **전화** 02-763-3565 **영업시간** 11:00-21:30 / 매주 월요일 휴무

1 여러가지 재료를 가지런히 돌려 담은 곱창전골에 육수를 붓고 있다. 이것은 동대문점의 곱창전골이고 왼쪽 큰 사진은 충무로점의 것. 같은 맛과 구성인데 담음새가 조금 다르다.

2 곱창전골이 다 익으면 점원이 직접 한 접시씩 먹기 좋게 담아 주신다.

3 따로 주문하는 보쌈김치. 기본 반찬이 여러 가지 나오고, 김치 겉절이도 나오니까 굳이 추가할 필요는 없겠지만, 이 집의 오래된 명물 반찬 중 하나다.

4 양념게장이 메인으로 나오는 게장 정식. 다른 요리를 먹으면서 게장을 조금만 맛보고 싶다면 반찬으로 따로 주문해도 된다. 정식의 1/2 정도 되는 가격에 1/2 정도 분량의 게장이 나온다.

5 기본 반찬 중 하나인 가지 나물. 세심한 플레이팅이 인상적이다.

1 보글보글 갈비찜은 점심 시간 인기 메뉴. 2명이서 갈비찜과 게장 정식 하나씩 주문해서 같이 나눠 먹어도 좋다.

2 얼큰한 서울식 육개장 안에 삶은 달걀이 들어 있다. 뒤에 보이는 오이소박이는 반찬으로 추가 주문한 1/2 분량. 오이소박이가 주인공인 오이소박이 정식도 있다.

3 아주 맛있는 갈비탕에도 삶은 달걀이 통째로 퐁당~

4 찬바람이 불어오는 겨울철에만 판매하는 만둣국. 고기, 대파, 게맛살을 꼬치로 꽂은 산적과 계란 후라이가 들어 있는 특이한 구성. 만두와 산적의 맛도 꽤나 독특하다.

초밥류나 튀김류, 회덮밥, 생선탕, 생선구이, 도시락 정식 등은 일식부에서 먹는다. 도시락은 A와 B 두 가지가 있고 차이는 생선회가 있는지 없는지이다.

1　독특한 걸로 치자면 이만한 것도 없겠다. 이름하여, 도시락정식A. 진고개는 한식부와 일식부, 두 가지 공간으로 나뉘어져 있다. 한식 메뉴들은 한식부에서,

2　언제 봐도 정겨운 손글씨 메뉴.

3　충무로점 외관. 동대문점도 똑같이 생겼다.

오늘도 냠냠냠
36화 인천 송도동 송도국제경양식
주말 지나
월요일 아침

아내는 6시 반에 일어나
고1 딸 깨워서 밥 차려주고
학교 보내고

새벽 2시까지 일하고 잠든 나는
8시 반에 일어나 중3 아들 배웅해주고

둘이서 간단하게 아침 먹고
새로운 한 주를 시작한다.

오늘은 뭐
하고 싶은 거
있어?

요즘 날씨도 좋은데 자연을
좀 보러 갈까?

자연이라면, 진짜 야생 자연?

아니면 마곡동 식물원이나 여의도 공원 같은 인공적인 거까지 포함한 걸로?
내가 키우고 있는 파인애플

에이-
그래도 좀 인공적 이어야지
아내의 아보카도

자연을 좋아하는 아내.
하지만 진짜 자연은 예상치 못한 위험 요소가 도처에 도사리고 있어 좀 무서워한다.

특히 곤충류 같은 거!
모기
나방
파리
노린재
거미
하루살이
벌

이 가을이 끝나기 전, 오늘 드라이브 코스는 인천 송도로 골랐다.
부천
서울
영종도
인천
광명
안양
송도
시흥

송도 국제도시라는 이름답게
이곳은 가까운 미래에 온 듯
넓은 공원과 높은 빌딩이
잘 어우러지게 정리되어 있다.

송도에 오면 우리는 언제나 똑같은
식당에서 식사를 한다. 상가
지하 주차장에 주차하고
여기
골목은
올 때마다
헷갈려
아, 저기다
상가 골목을 굽이굽이 돌아서
도착한 곳은 인천의 오래된 경양식집
SINCE 1972
DO KUKJE RESTAURAN
T. 888 . 8525

하얀색으로 꾸며진 식당 입구에 들어서면 오픈 키친이 보이고

나이 지긋하신
식당의 주인이자
주방장이
언제나
주방을
지키고
계신다.

한가한 시간이면 종종 홀에 나와
친구인 듯 단골인 듯한 분들과
담소를 나누시기도 하더라.
오랜만이네
여어- 요즘
다이어트해?
내가?
하하하

주문을 하면 늘 이런 질문이 따라온다
안심스테이크 (국내산) 32,000
비프까스 (호주산) 17,000
함박스테이크 (국내산) 19,000
생선까스 (수협냉동 대구) 17,000
돈까스 (국내산 냉장) 15,000
모든 메뉴에는 빵과 스프/커피가 제공됩니다
레드와인
화이트와인
맥주/소주
음료수
빵/스프
빵으로
드릴까요?
밥으로
드릴까요?
BREAD
RICE

밥도 먹고 싶고 빵도 먹고 싶은
우리는 늘
둘 다 밥으로 주시구요.
빵도 2인분 추가로
주문할게요

수프는 크림이랑
야채 있습니다
저는
크림
이요
저는 야채로
할게요

잠시 후 먹음직스러운 빵과
수프가 먼저 등장

야채는 당근, 양배추, 양파 등이
들어 있는 맑은 토마토 베이스

고소한 크림수프는
고향의 맛~

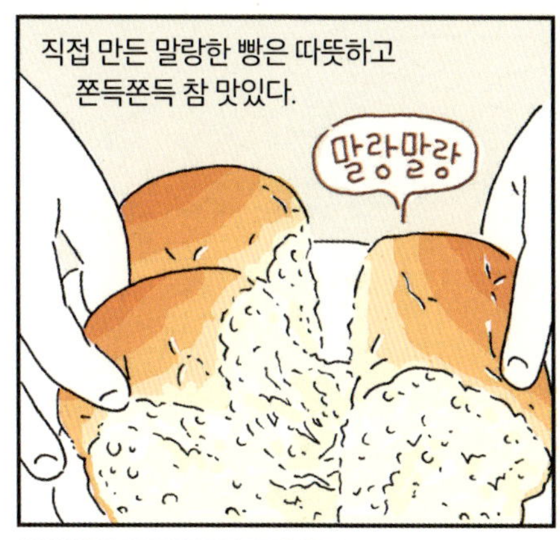

직접 만든 말랑한 빵은 따뜻하고
쫀득쫀득 참 맛있다.
말랑말랑

마가린 대신 버터와 더 맛있는
잼이었으면 좋겠지만, 옛것을
고수하려는 의도가 있을 거라
짐작해본다.

빵을
수프에
적셔
먹어도
꿀맛!

안심 스테이크가 시그니처 메뉴

양파소스가 소복이 올라간 독특한 모습으로,
고기가 두툼하고 양도 제법 많다.

가게에서 직접 만든다는 단무지도
시원하니 참 맛있고
우와,
이것
봐라
스테이크랑
단무지가
잘 어울려

아내가 오늘 고른
메뉴는 도톰한
대구살을 튀긴 생선까스

1인
1 샐러드

내 선택은 언제나
비프까스다.

조경규, 2022.11

나 어릴 적 경양식 집에서처럼
접시에 얇게 펴 담은 쌀밥에

새콤한 소스를
듬뿍 머금은
소고기 튀김까지
정겨운 맛이다.

후식은 사이다, 콜라, 커피 중 택 1
저는
사이다로
할게요
저는
커피
네

오랜만에 마셔보는 프림 둘,
설탕 하나 커피~
설탕

이렇게 빠르게 변해가는 세상 어딘가에
무언가가 늘 그 자리에
변치 않는 모습으로 있다는
것은 내게 큰 위안이다.

송도국제경양식

주소 인천 연수구 센트럴로 194 센트럴파크 2차 상가 C3게이트 223호
전화 032-888-8525　**영업시간** 11:30-21:00 / 15:00-17:00 브레이크 타임 / 매주 일요일 휴무

1 예전 방식대로 하나하나 팬에 굽는 스테이크.

2 1972년 신포동에서 '스낵하우스'로 시작해, 1978년 국제경양식으로 이름을 바꾼 뒤, 2013년 송도 국제도시로 옮기며 어느덧 50년이라는 시간이 흘렀다. 송도에 온 지도 10년이 되었지만, 깔끔하게 관리되어 여전히 새 집처럼 하얗고 깨끗하다. 지하에 주차장이 있고 식사 후에 무료 주차시간을 입력해준다. 천천히 밥 먹고 길 건너 공원에서 산책까지 하기에 충분한 시간이다.

오늘도 냠냠냠
37화 공항동 김용기과자점
바삭바삭

와~
과자
반죽이
진짜
그윽해
계란 맛도
좀 나는
거 같고
꼭 쿠키
같아

이건
깨맛
김용기과자점
福
COOKIE

깨가 들어 있긴 하지만, 반죽 본연의 맛을
느낄 수 있는 가장 기본적인 과자라 할 수 있지
음
바삭바삭
냠냠

김은요?
김 당연히 있지.
어디 보자
부스럭
부스럭
바삭바삭

이렇게 돌돌 말린 과자에
김이 통째로 든 것도 있고
달랑 4개
뿐이네

요거는
파래 맛

와작
와작
냠
냠

오독
오독
오독

김도 맛있는데
파래가 진짜 맛있다
파래가 더
김맛이
나는데!

파래
하나 더
이거 어디서
산 거예요?
조
심
해
몰라?
부스럭
부스럭

할아버지가 두어 번 사다
주셨었는데 기억 안 나나?
앗
싸

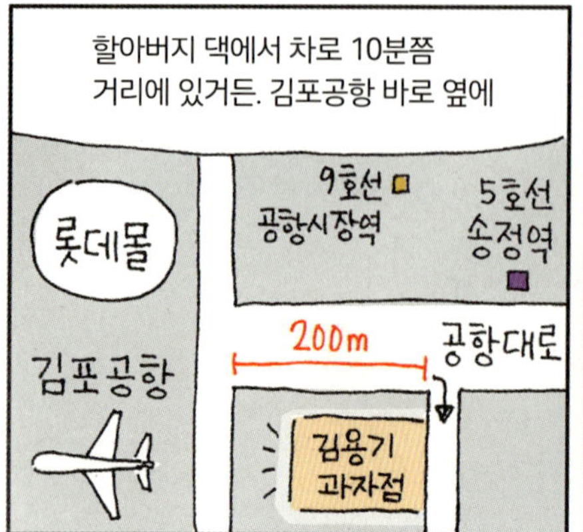

할아버지 댁에서 차로 10분쯤
거리에 있거든. 김포공항 바로 옆에
롯데몰
9호선
공항시장역
5호선
송정역
200m
공항대로
김포공항
김용기
과자점

엄마 아빠가 이 과자점에 직접
가본 건 오늘이 처음이었는데
SINCE 1965
김용기
과자점
SINCE 1965
김용기
과자점
대

가게 안에 과자가 가지런히
잔뜩 쌓여 있더라구

직접 굽는 모습도
볼 수 있고

주문 방법
가격을 정하시고
종류를 말씀하세요
박스 포장
흐음

그건 얼마쯤
하는 건가요?

이건 3만 원이에요. 택배용이라 더 꽉꽉 담는 거구요
아하

그럼 우리도
3만 원은 해야겠네
어떻게 담아 드릴까요?

골고루 담아주세요. 깨, 땅콩, 파래 많이 주시고요
아, 생강도 담아 주세요
네

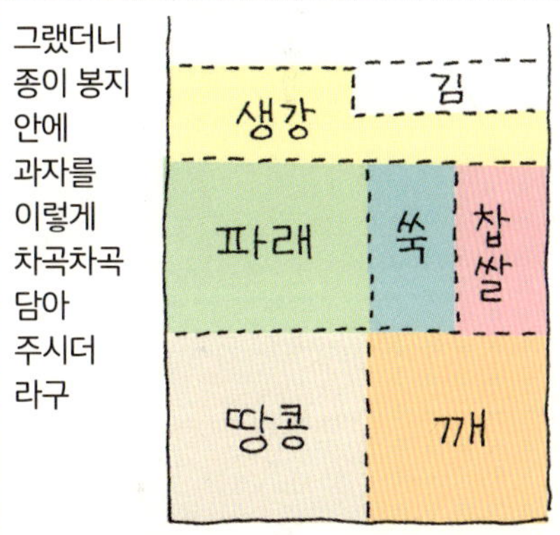

그랬더니 종이 봉지 안에 과자를 이렇게 차곡차곡 담아 주시더라구
생강
김
파래
쑥
찹쌀
땅콩
깨

2만원 이상 현금 결제시 못난이 과자 드려요
땅콩전병
오옷

계산은 현찰로 하고 못난이 과자도 좀 받아 왔지~
못난이 과자? 그게 뭐예요?

모양이 좀 잘 못 나온 과자들.
그래도 맛은 똑같아
전부
깨 맛
이네
깨 과 자
깨 과 자

다른 맛은요?
어디 보자
땅콩 먹어 봤나?
부스럭
부스럭
아
뇨

이게 또 예술이라고!
김 통 기
김 통 기

우둑
와
작
와
작
와작

어때? 땅콩이 막
와작와작 씹히지?
오오-
네!

그냥 볼 땐 잘 안 보이지만 이렇게
햇빛에 비추면 그 안에 땅콩이
얼마나 많은지 알 수 있어
우
와

다음은
찹쌀

이거 하도 얇아서 이렇게 들고
옆으로 보니까 꼭 이쑤시개 들고
있는 거 같죠?

와삭
와삭
와삭

음-
아주!
이것도 구수하고
담담하니 좋은데요?
그렇지?

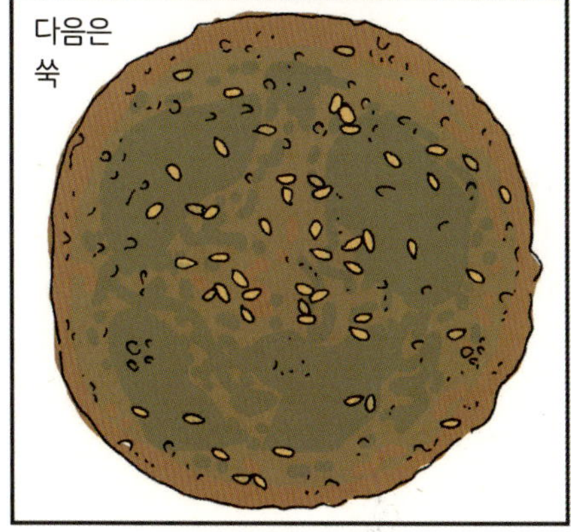

다음은
쑥

또
깨잖아!
이거 쑥 맛이 아예
안 나는데

쑥 맛을 몰라서 그러는 거 아냐?
은은하게 풍겨오는 이 쑥 향을!
그래요?
다음 거!

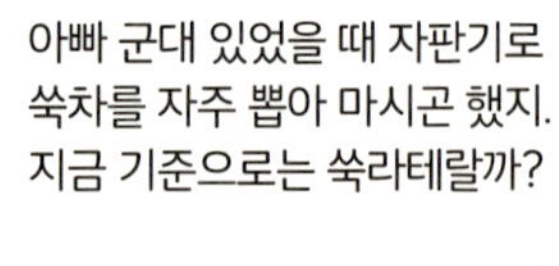

아빠 군대 있었을 때 자판기로
쑥차를 자주 뽑아 마시곤 했지.
지금 기준으로는 쑥라테랄까?

설탕
+
식물성 프림
+
쑥 분말

아빤 쑥
괜찮은데?
다음은 뭐 더
없나요?

마지막은 생강인데
너 먹을 수 있어?
생강?
그래, 이걸 기다렸다구!

이거야말로 아빠가 제일
좋아하는 거 중 하나지.
어렸을 때부터 말야
난 하얀 거
제일 많이
붙은 걸루
우둑
우둑

우둑
우둑
준영이도 생강 먹네, 응?
맛있다!

생강은 별론데, 이 하얀 부분이 달아서 맛있어
그치?

오독 오독

자, 그럼 니들이 직접 한 봉지 담는다고 한다면, 어떻게 할래?
대를 잇는 김용기과자점

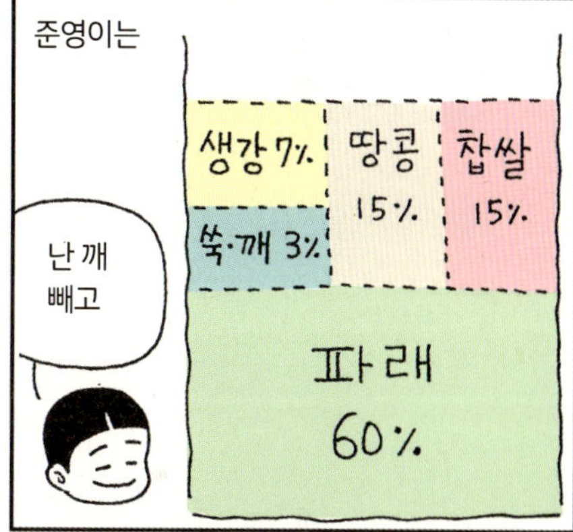

준영이는
난 깨 빼고
생강 7%
땅콩 15%
찹쌀 15%
쑥·깨 3%
파래 60%

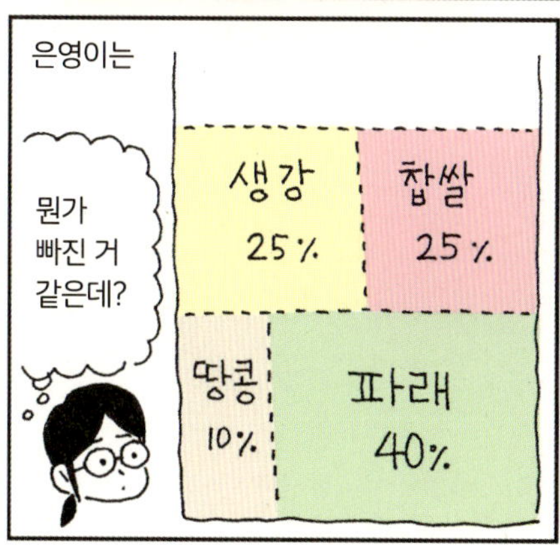

은영이는
뭔가 빠진 거 같은데?
생강 25%
찹쌀 25%
땅콩 10%
파래 40%

아빠는요?
나는?
말 안 해 주~지롱

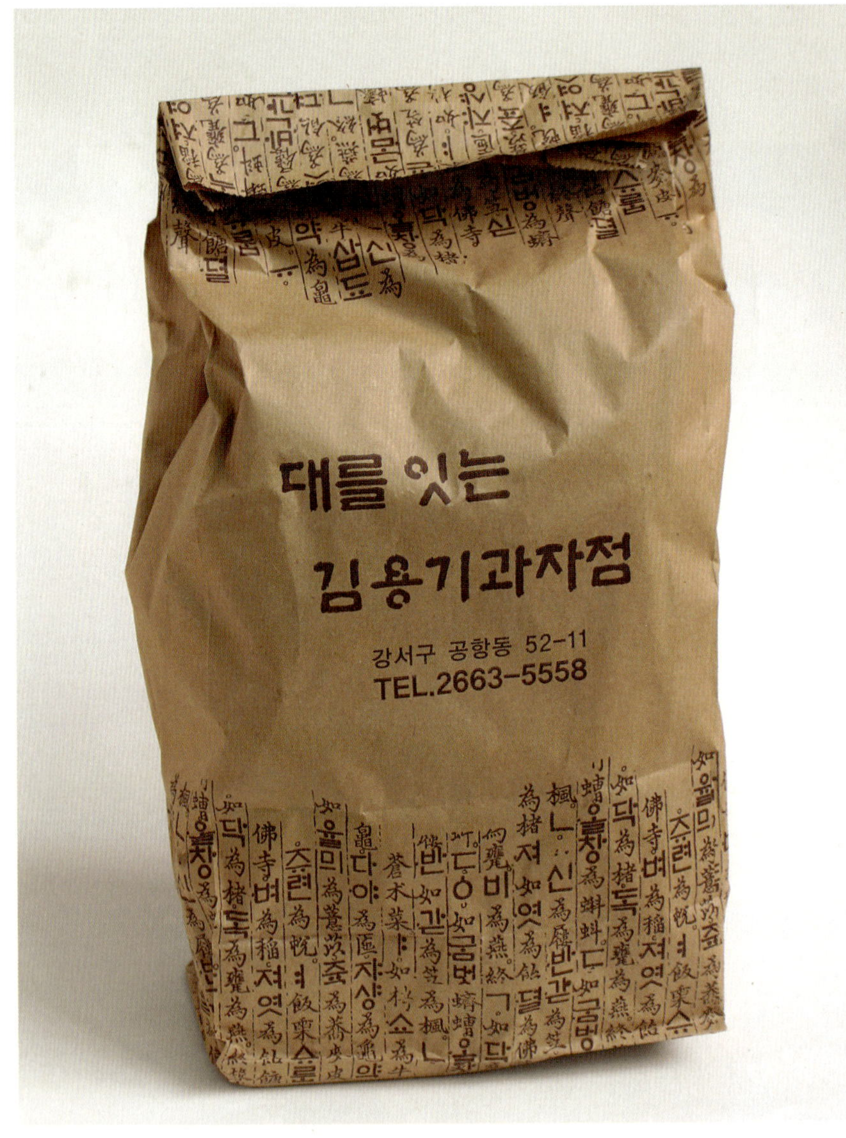

김용기과자점

주소 서울 강서구 송정로 65 1층 김용기과자점 **전화** 02-2663-5558
영업시간 10:00-21:00 / 주말 10:00-19:30 / 매주 월요일 휴무

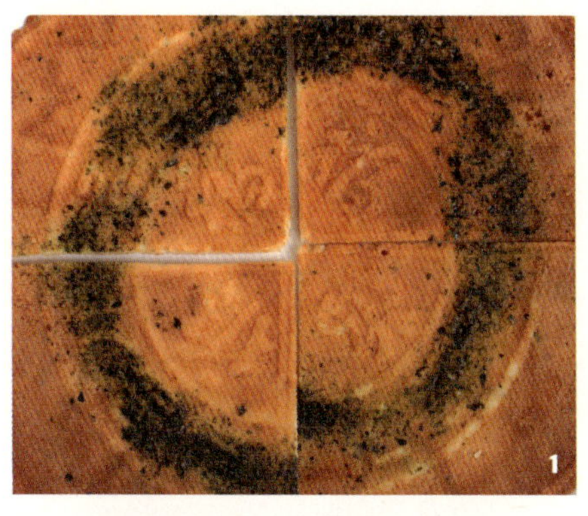

1 부채 모양 파래 전병 4개를 합치면 커다란 동그라미가 된다. 꼭 피자처럼 말이다.

2 햇빛에 비춰 본 땅콩 전병의 정체!

3 이것이 바로 못난이 과자~

4 가게 한쪽에서 과자를 만드는 모습을 볼 수 있다. 구입한 과자는 2층 카페에서 차와 함께 먹을 수 있다.

오늘도 냠냠냠
38화 잠원동 프로간장게장
덜덜덜

어? 저기 산타 할아버지 아니야?
얼어 죽겠네
우두둑

올 한 해 일도 열심히 하고 아이들 키우느라 고생했으니 두 분께 선물을 주겠어요
호호호
이야

지금 제일 먹고 싶은 걸로 돈 걱정 말고 식당 한 곳 정해서 얘기해 보세요
아무 데나요?

네
단
한식으로

음… 그렇다면

여기로 하겠습니다
프로간장게장
Established 1980

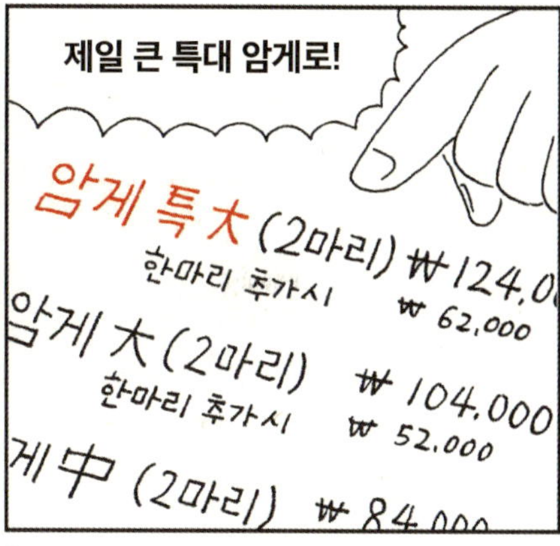
제일 큰 특대 암게로!
암게 특大 (2마리) ₩124,0
한마리 추가시 ₩62,000
암게 大 (2마리) ₩104,000
한마리 추가시 ₩52,000
게 中 (2마리) ₩84,000

작은 거 큰 거 다 먹어봤지만
어차피 여기까지 와 먹을 거라면
큰 게 확실히 맛있더라구

게다가 오늘은 특별히
산타 할아버지가
사신다니까
헤헤

여기는 1980년 아귀찜 식당으로
시작했다가 단골 프로야구선수들이
여기 게장 맛집이네!
CB
으음

간장게장을 하도 맛나게 먹어서
식당 이름과 주메뉴를 아예 바꿨다지
아주머니,
여기
간장게장
6마리
추가요!

오오오!
간장게장의 아름다운 자태를 눈으로 먼저 감상하고
쪽
조경규. 2022.12

조심조심 들어서

살살 눌러준 다음
꾸우욱

쪼
옥

이것은 바로 생명의 맛!

마치 다디단 성게를 한 입
가득 물고 있는 듯한 느낌!

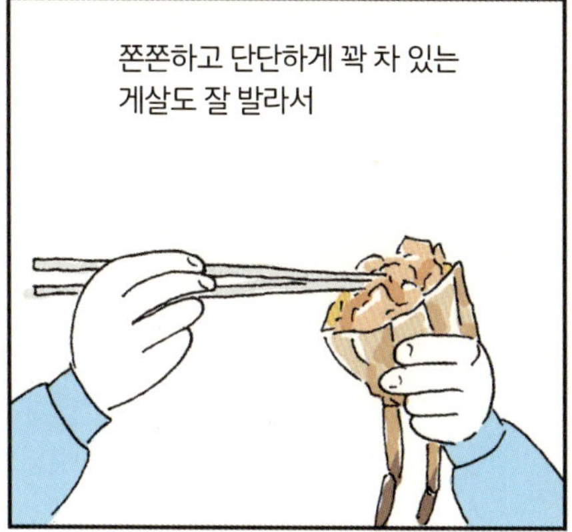

쫀쫀하고 단단하게 꽉 차 있는
게살도 잘 발라서

냠냠냠

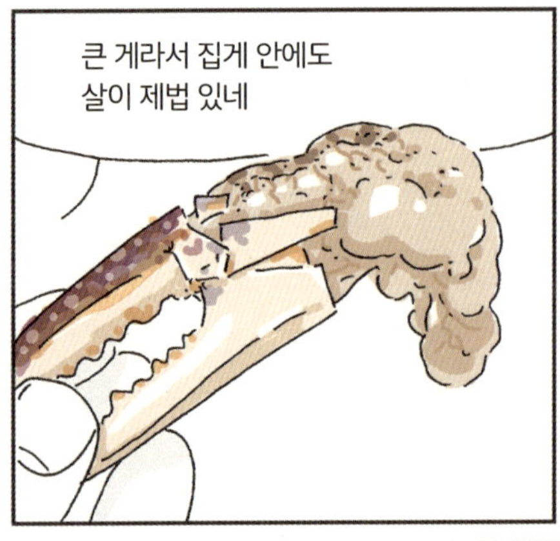

큰 게라서 집게 안에도
살이 제법 있네

간장 양념이 과하지 않아서
게살의 단맛이 은은하게 퍼져
그치?
자, 이제 그럼

오늘의 주인공
등딱지 차례
꽃게에게는 미안하지만
밥 비벼먹기 딱
좋게 생겼어
두~
둥

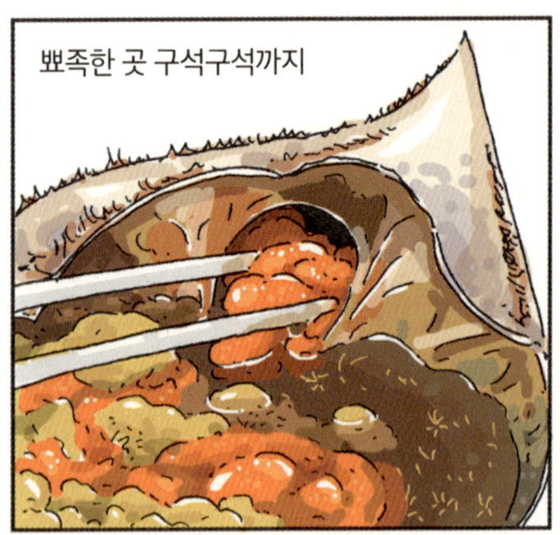

뾰족한 곳 구석구석까지

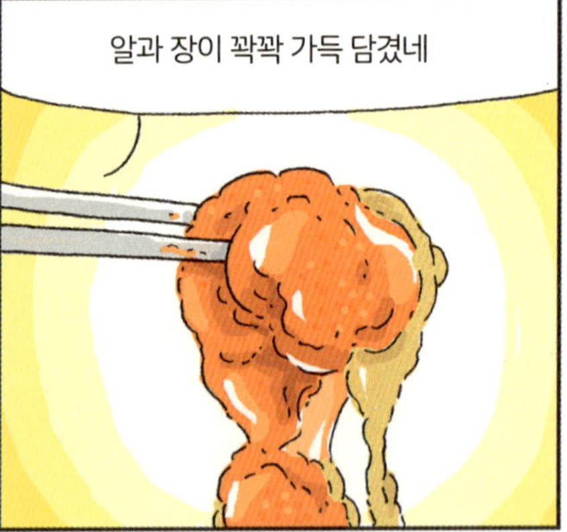

알과 장이 꽉꽉 가득 담겼네

쌉싸래하고 고소하고 달콤한 장 맛부터
호로로록
호로로로록

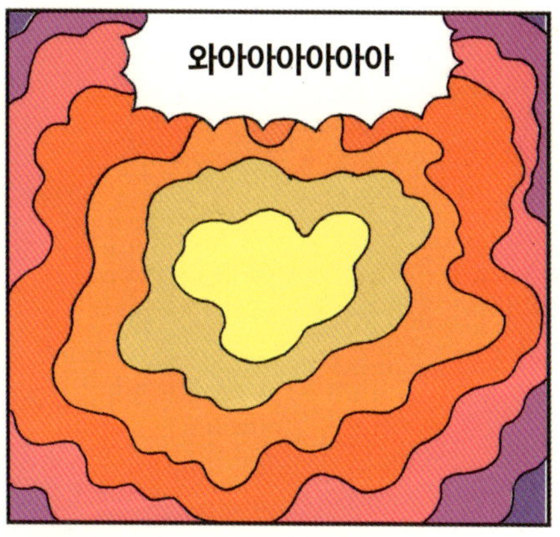

와아아아아아아

밥 두세 숟가락 넣고

쓱쓱 싹싹 잘 비비고

한 숟가락 듬뿍~

아주 천천히 싹싹 맛있게
게알 밥을 다 먹고

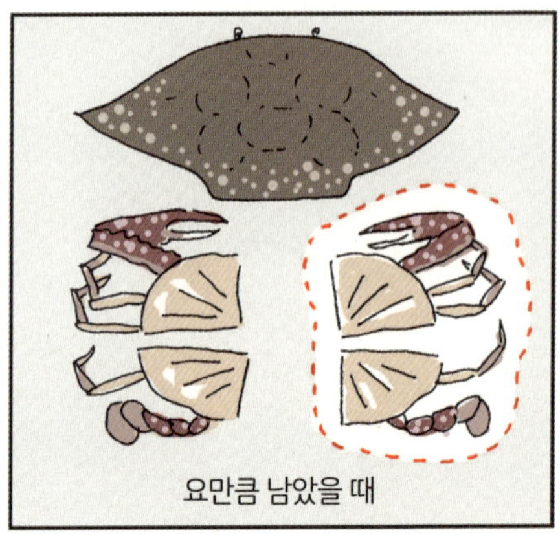

요만큼 남았을 때

잠시 쉬어가면서 나머지 밥이랑
미역국과 반찬을 먹는다.
냠냠

왜냐면 마무리는 다시 게장으로
해야 하니까 말야.

나머지 게를 들고서 다시 시작하는
마음으로 살살 눌러준 다음
꾸욱

쪼
옥

매일매일 맛있는 걸 먹을 수 있다면

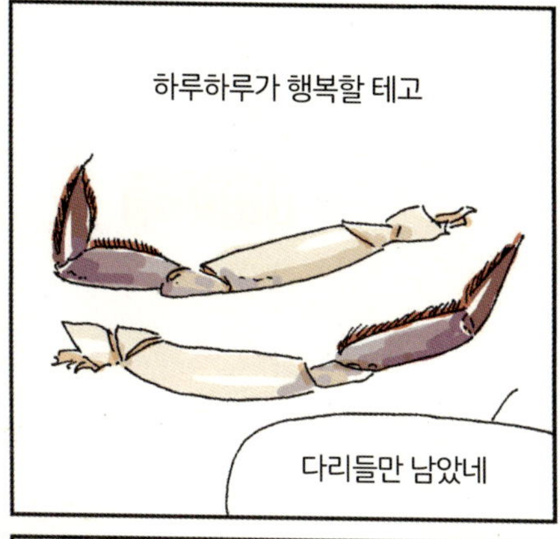

하루하루가 행복할 테고
다리들만 남았네

그런 작은
행복들이 모여
즐겁고
보람찬
일생이
되겠지.
쪽쪽쪽

그러니 부디

내년에도 맛있는 거 많이 많이
먹게 해주소서!
아, 정말 맛있게
자~알 먹었당
띠용~
계산서

저기, 발레파킹 비는
저희가 내는 건가요?

프로간장게장

신사본점 주소 서울 서초구 강남대로97길 7 **전화** 02-543-4126 **영업시간** 10:00-23:00 **삼성점 주소** 서울 강남구 테헤란로83길 53 **전화** 02-544-4126 **영업시간** 11:00-22:00

1 간장 게장은 特大, 大, 中 3가지 사이즈가 있다. 당연한 얘기지만, 제일 큰 特大가 먹을 게 가장 많다.

2 게알 비빔밥. 밥 위에 게살과 게알, 계란 노른자, 김가루를 올렸다. 게장을 먹는다면 굳이 먹을 이유는 없다.

3 이곳은 바다에서 나는 꽃게를 이용한 간장 게장을 처음 만든 곳으로 알려져 있다. 그 전까지는 작은 민물게인 참게로 만든 게장이 일반적이었다고 한다. 참게장이었다면 이렇게 게딱지에 밥을 넣고 비비기는 어려웠을 것이다.

4 特大는 집게에도 살이 차 있다. 왼쪽의 큰 사진은 인천파라다이스시티점에서 먹은 大자.

5 신사본점은 지하철 3호선과 신분당선이 만나는 신사역에서 가깝다.

2022년 말 쌀쌀한 바람이 불던 어느 날 한남대교를 건너 신사동 방면으로 진입하는 자동차가 한 대 있었다.

그 차 앞자리에는 미술 하는 친구 Sasa[44] 씨와 미나 씨가

뒷자리에는 우리 부부가 타고 있었다.

오늘 가는 집은 칼국수계의 마포옥 같은 곳이에요

국물 한 숟가락 딱 먹어보면 옛날 집에서 먹던 그 맛이 나요

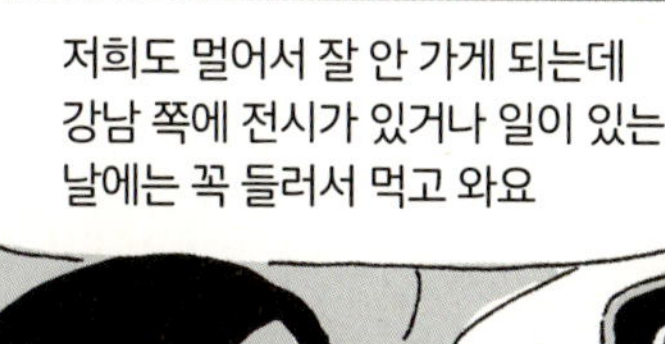
저희도 멀어서 잘 안 가게 되는데 강남 쪽에 전시가 있거나 일이 있는 날에는 꼭 들러서 먹고 와요

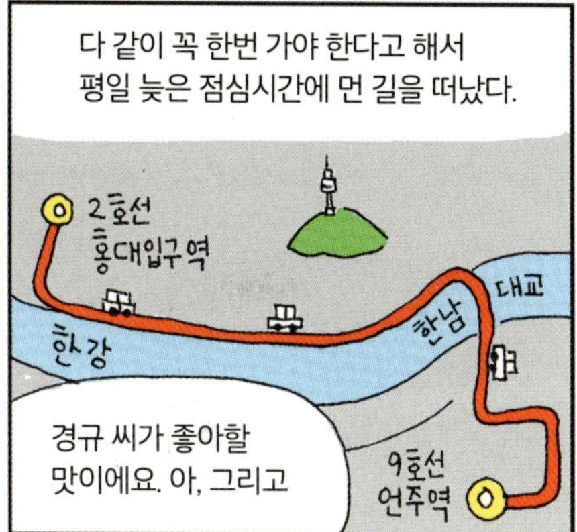
다 같이 꼭 한번 가야 한다고 해서 평일 늦은 점심시간에 먼 길을 떠났다.
2호선 홍대입구역
한강
한남 대교
9호선 언주역
경규 씨가 좋아할 맛이에요. 아, 그리고

칼국수 위에 고기랑 파를 볶아 만든 양념이 올라오는데 저희는 그걸 처음부터 빼고 달라고 해요

근데 다들 그 고기 양념을 좋아해요
우리만 빼고요

저는 국물 자체의 그 순수한 맛을 좋아해서요

전 44 따라서 먹다가 그렇게 되었구요

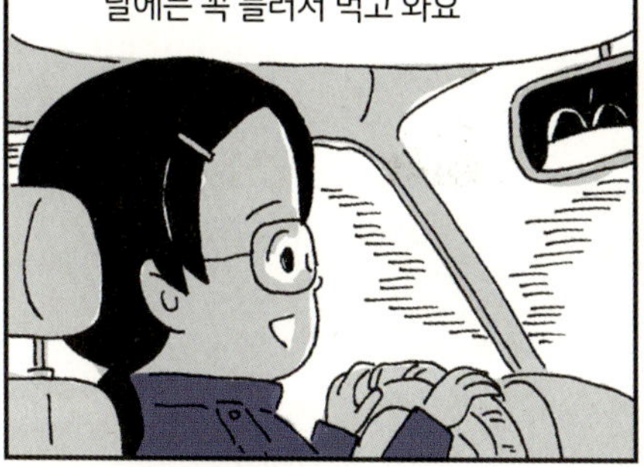

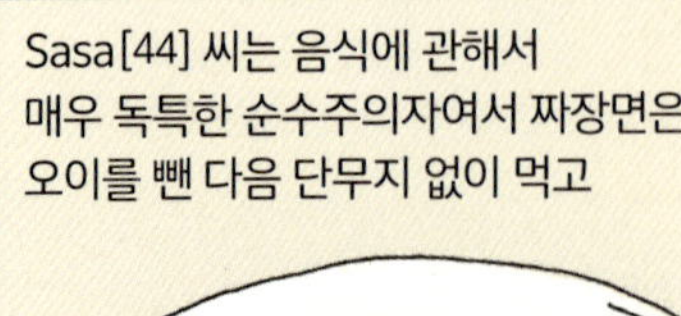
Sasa[44] 씨는 음식에 관해서
매우 독특한 순수주의자여서 짜장면은
오이를 뺀 다음 단무지 없이 먹고

냉면은 오이나 무절임 다 빼고
육수에 국수, 고기, 달걀만

설렁탕도 파 빼고 김치, 깍두기
없이 먹는다

칼국수 양념에 파는 그렇다 해도
고기까지 포기하는 거예요?
아

마늘로
양념한
고기
예요

이것은 또 무슨 의미심장한 대사인가!
……

저기 주유소 뒤에 영동설렁탕도
제가 꼬마 때부터 가던 집이에요

진짜 좋아하는데 멀어서 요즘은
주말 새벽에 차 없을 때 가곤 하죠

그리고 저기 이상하게 생긴 건물
뒤쪽이 평양면옥. 아주 좋아합니다

장충동 평양면옥
이랑 똑같은?
아마 동생인가
그럴 거예요

그리고 요 앞으로 쭈욱 가면
한성칼국수라고, 전이랑 수육이
맛있어요. 문어도 맛있고

전을 바로 부쳐주는데
정말 맛있어요
이상하게
칼국수집인데
칼국수 빼고
다 맛있어요
926
1
언주

오늘은 칼국수가 맛있는 집으로~
논현 손 칼국수
다행히
줄은
없네요

여기도 제가 꼬마 때부터
있던 집이에요

두 분 다 칼제비로?
차림표
손 칼국수 8,000
손 수제비
칼+수제비 8,000
여름에 먹는
시원한
주문 수량은
동일하게 부
공기밥, 사리
주문시에만
공기밥은 공짜 셀프 입니다.
양이 부족하면 외쳐 주세요!!

당신은?
응
칼제비 4개
주시는데요
2개는 고기
빼고 주세요

칼제비는 딱 반이 아니고
매번 비율이 조금씩 달라요

김치도 드시고요
감사
합니다

어떤 날은 수제비가 많고
어떤 날은 칼국수가 많고
무럭무럭
고추

조경규. 2022.12

오늘은 수제비가 많네
잘 먹겠습니다
드셔 보세요
찰칵

걸쭉한 고기 국물부터
스
흡
배추수
둥둥 속

음-
맛있다
예전에 국물 안에서
무슨 껍데기가 나와서
물어봤더니 홍합
껍데기래요

그래서 이 국물 내는 데 홍합도
들어간다는 걸 알았죠

쫄깃한 수제비랑 부들부들한
칼국수를 잡히는 대로 들어 올려

한 입에
후루루루루룩

하
아
아

국수 더 필요하심 말씀하세요.
수제비랑 국수랑 계속 줘요

밥은 저쪽 전기 밥통에서
원하는 만큼 직접 퍼서 먹을 수 있고요
밥은 드실만큼
밥술 뚜껑은
티타임

밥도 공짜로 말아먹을 수 있고
8000원에 인심도 참 후한 집이네
응?

다 먹었다
벌써 다 먹었어요?
원래 그래요.
천천히 드세요

저희는 밥 먹고 나서 이걸 꼭
먹는데, 좀 드릴까요?
ICE BREAK
DUO 듀오
STRAWBERRY + COOL
딸기
좋죠.
그럼 하나씩

난
4개
나도 2개씩 2번에
나눠서 먹어야지
4개?

그럼 우리도 몇 개
더 주세요
우리도
4개씩!

논현손칼국수

주소 서울 강남구 논현로111길 16 **전화** 02-517-6030
영업시간 09:30-20:00 / 16:00-17:00 브레이크타임 / 매주 일요일 휴무

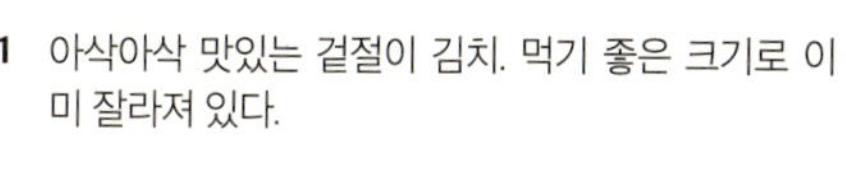

1 아삭아삭 맛있는 겉절이 김치. 먹기 좋은 크기로 이미 잘라져 있다.

2 수제비와 국수 사리를 섞어서 추가로 받았다.

3 가게 앞에는 손님들 차가 세워져 있다. 건너편에 유료 주차장이 있다. 지하철 9호선 언주역과 가깝다.

4 여름에만 먹을 수 있는 있는 계절 메뉴 콩국수. 고소한 콩국 안에 칼국수와 얇게 채썬 오이가 들어 있다.

오늘도 냠냠냠
40화 서교동 하연옥
12월 어느
추웠던 날

영하 7도에
체감 온도는
영하 14도였는데

자전거를 타고 전속력으로 달리니
영하 25도쯤
되는 듯했다
덜덜덜
덜덜

야! 더 이상 도저히 못 가겠다!
그냥 거흥면 먹으러 가자!
네?
끼이익

아들이 단축수업하고 일찍 돌아와
둘이서 점심 먹으러 나왔다가
거흥면이
뭐예요?
일단
가서
얘기
하자
서교가든

만두 먹으러 가던 길을 멈추고
하연옥으로 방향을 틀었다.
멀어요?
다 왔어. 저 앞이야

하연옥은 진주에 본점을 둔 식당으로,
새우, 멸치, 바지락, 다시마 등 해물과
간장으로 맛을 낸 육수에 육전을 올린
진주냉면이 메인이고

밀가루를 묻히고 달걀을
입혀 넓적하게 부친
육전 맛 또한
일품이다.

진주에 있는 본점을 아이들과 두 번 갔었고
여기였어요?
육전 먹는 데?
그치, 오늘은
육전은 안 먹지만
하 연 옥
- 1945 -

이곳 마포점도 냉면이랑 육전
먹으러 몇 번 왔었다.
먼저 들어가서
주문하고 있을게

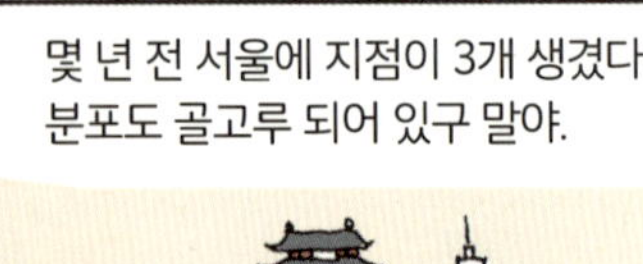
몇 년 전 서울에 지점이 3개 생겼다.
분포도 골고루 되어 있구 말야.

마포
용산
잠실

규모가 큰 잠실과 용산점은 반찬도 주고
메뉴도 더 다양하지만
양도 맛도 좋은
돌판소찹갈비
슴슴한
돼지 곰탕

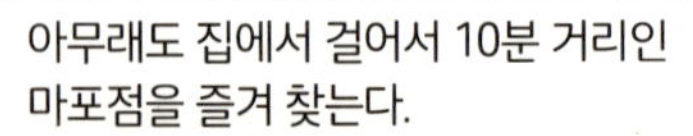
아무래도 집에서 걸어서 10분 거리인
마포점을 즐겨 찾는다.

준영이가
아직 쑥갓을
못 먹어
봤을 텐데
오늘 한번
먹여보자

하나는 파 빼고
주시겠어요?
하나만요?
네

와, 춥다
마포점은 20여 명이 앉을
수 있는 작은 규모에
여기야
代

유일한 반찬인 무절임도 셀프,
주문도 키오스크라 캐주얼한 느낌이다.
오늘 농구
할 수 있을
까요?
글쎄다
우쒸,
추운데

내일은 체감온도가 영하 19도래요
누가 그래?
선생님이요

학교 농구장에 눈은 다 치웠으려나?
네, 아까 보니까 고등학생 형들이 치우고 있던데요
그래? 그럼 가야겠네

우리 자전거 안장 엄청 차갑겠다

그래서 거홍면이 뭐예요?
들어오면서 밖에 포스터 못 봤나? 어! 저기도 하나 붙어 있네

75年 전통 진주 거홍면
(지리산 흑돼지와 어육 간장 육수로 만든 따뜻한 면 요리)

거홍면이 75년 된 건 아니고 '거홍'은 이 식당 1대 주인 아저씨 이름이야
그런 거였어요?
이름 어감이 참 좋지?

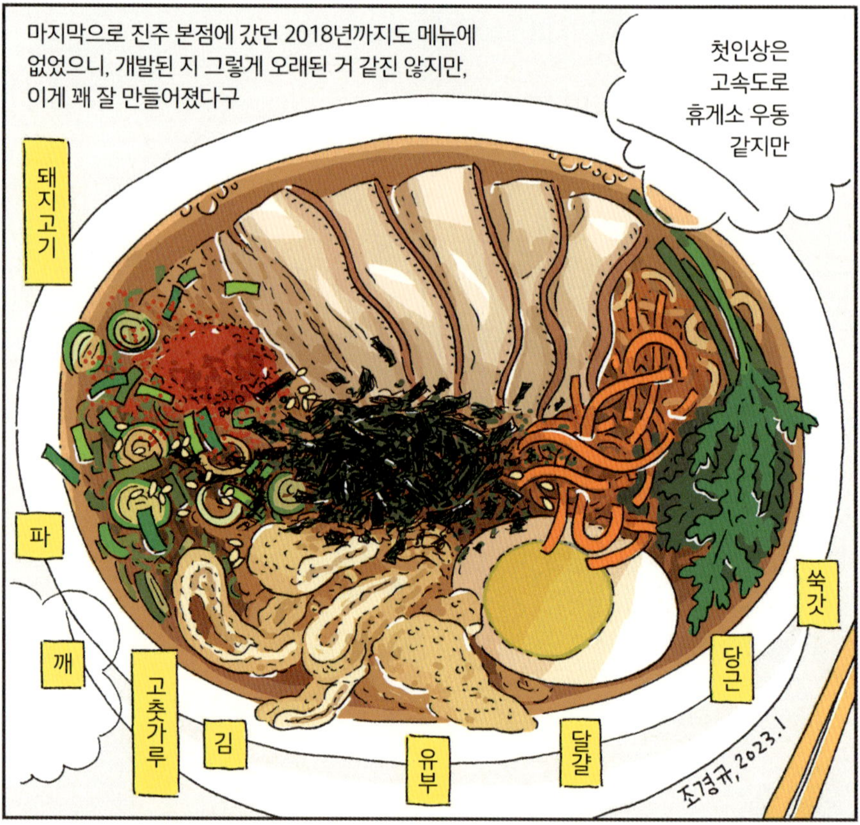

마지막으로 진주 본점에 갔던 2018년까지도 메뉴에 없었으니, 개발된 지 그렇게 오래된 거 같진 않지만, 이게 꽤 잘 만들어졌다구

첫인상은 고속도로 휴게소 우동 같지만

돼지고기

파

깨

고춧가루

김

유부

달걀

당근

쑥갓

조경규, 2023.1

아주 포근한 맛이로구만

오동통하고 매끈한
면은 부드럽게
술술 넘어간다.

호
로
로
록
호
로
로
록

너 쑥갓
먹어봤어?
아뇨. 이거예요?
응

좀 쌉쌀한
맛도 나고
꽃향기 같은 것도
나는 거 같고
괜찮아?
네
많이 컸네

자, 그럼 아껴 두었던 고기 차례
이게 바로 그 지리산 흑돼지란 말이지

비계랑 껍질이 붙어 있는 커다란 고기가 5점쯤 들어 있어서 굳이 아껴 먹을 일도 없다.
오오-
아주
그치?

큼직한 걸 넓게 펴서

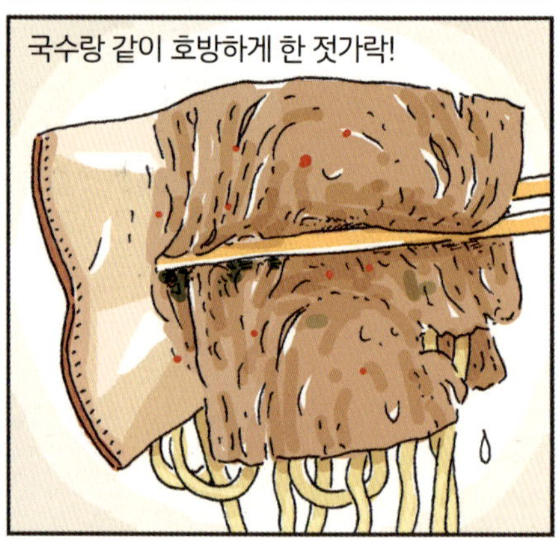

국수랑 같이 호방하게 한 젓가락!

녹진하게 녹아내리는 돼지의 지방

맛있어요!
추운데 멀리 안 가고 여기로 오길 잘했지?
아직 다 안먹었냐?
하아
네

사계절이 너무나도 뚜렷한 우리나라
흐음
역시 잘 데려왔어

무더운 여름에는 여름에 먹고 싶은 음식들이 있고
?

이렇게 추운 겨울에 어울리는 음식들도 따로 있으니
야, 너! 채소는 먼저 먹고 고기랑 국수만 남겼구나!
아뇨

그래서 우리나라엔 맛있는 게 두 배로 많은가봐~
여기
보세요. 여기 당근 있잖아요

다행이다. 당근이 하나 남아 있었어

하연옥

마포점 **주소** 서울 마포구 동교로 136 1층 **전화** 0507-1333-3174 **영업시간** 11:00-21:00

진주본점 **주소** 경남 진주시 진주대로 1317-20 **전화** 055-746-0525 **영업시간** 10:00-20:30

1 간장맛 물냉면 외에 비빔냉면도 있다. 넉넉한 육전, 편육, 달걀, 오이, 무김치 등 올려진 고명은 같다.

2 뜨끈한 국물이 생각날 땐 거흥면~

3 서울 용산점에서 먹었던 돌판소참갈비. 꽤 맛있었다. 반찬도 다양하게 잘 나와 더 기분 좋았다.

4 아들 준영이가 특히 좋아하는 육전은 小자로 시켰다가 너무 맛있어서 小자를 하나 더 추가한 적도 있었다. 다음에는 그냥 큰 걸로 시키기로 마음먹었다.

5 조용하고 차분한 마포점.

1946년 '서북관'이란 이름으로 시작했고
6.25 전쟁 동안 피난 갔다 돌아와
다시 문을 열면서

'다시 돌아온 집'이라는 의미로
아예 이름을 바꾼 우래옥

그 후 70년이 넘는 시간 동안 같은 자리에서 불고기와 냉면을 만들고 있다.

실내도 어둡고 시크한 분위기에 여기랑 달랐지?
응, 음식들도 다 퓨전이었고 영어로 주문 받고 외국인을 상대로 한 콘셉트였으니까

난 워싱턴 DC에 있을 때 거기 우래옥을 가봤었는데, 거긴 한인 교포들이 가는 대형 한식집 분위기였어. 딱 여기처럼

정겹고 맛있었는데 이제 미국 지점들은 다 없어졌대
뉴욕도?
응

여기는 어렸을 때 아빠랑 두어 번 왔던 기억이 있어. 그때도 가격이 비싸서 귀한 집에 온다는 느낌이었지

음식도 음식이었지만 제일 기억에 남는 건 화장실이었어. 눈 돌아가게 고급스러웠거든
화장실이?

응, 한식집인데 인테리어도 화려하고 특히 화장실 안 스피커에서 클래식 음악이 나오고 있었거든. 그게 그렇게 인상적일 수 없었어

지금도 여기 가격을 보면
마른침이 꼴까닥 넘어가거든

불고기······1인분 ₩37,000
갈비······1인분 ₩53,000
전통평양냉면······₩16,000
김치말이냉면······₩16,000

불고기 3인분 시켜서 나눠 먹고
그렇게 맛있어?
응

냉면 3개 주문해서 어른은 하나씩
아이들은 반씩 나눠 먹었지.
당신도
먹어요

경제 개념이 없는 아이들은 참
잘도 먹더군.
여기 내일 또 오자!
좋아!

냉면을 먹으면서 2가지 생각을 했다.
모자라면 엄마 냉면
더 나눠 줄게
네

하나는
야아~ 우래옥 냉면
정말 참 맛있구나!
호로로록

또 하나는
나중에 크면 나도
우래옥에 어울리는
어른이 되고 싶다!!

묵직한 사기그릇에 담긴 우래옥 냉면은
그 모습에서부터 참으로 귀한 분의
포스가 뿜어져 나온다.

맨 위에는 채 썬 배가
소복하게 쌓여 있고

又來屋
Woo Lae Oak

조경규, 2023. 1

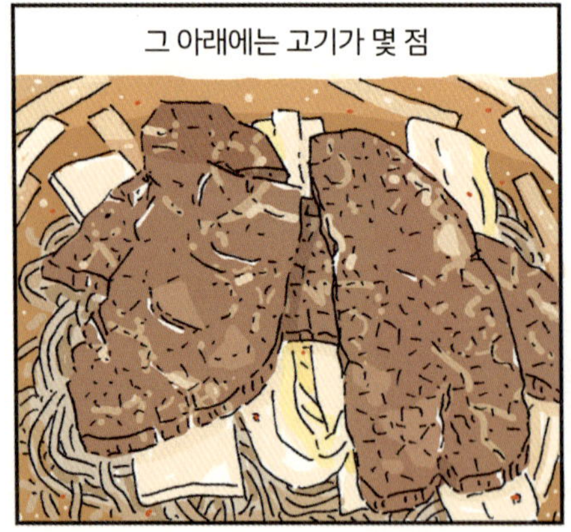

그 아래에는 고기가 몇 점

맨 아래에는 하얀 김치가 넉넉히 올려져 있다.

우선 육수
부터

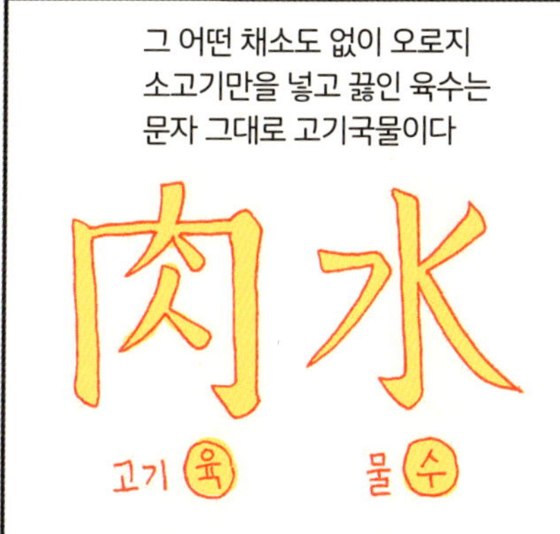

그 어떤 채소도 없이 오로지
소고기만을 넣고 끓인 육수는
문자 그대로 고기국물이다

肉 水

고기 육   물 수

동치미 국물은 1도 섞지 않은 순도 100%
고기국물. 그것이 우래옥 냉면의
단단한 지반이다.

아-아

식초와 겨자가 테이블에 준비되어
있으니 각자의 취향대로
육수 맛을 바꿀 수 있다.

又來屋
Woo Lae Oak

난 그냥 그대로
먹는 게 좋더라.

난 조금 먹다가
중간에 넣는 게
재밌던데

국수는 메밀과 밀가루를
7:3 비율로 섞어 만들어

적당히 쫄깃하고 씹을수록 구수하다.

배의 단맛과 김치의 새콤함이
더해져

정말 정말 맛있구나야~

무엇보다 우래옥 냉면의 미덕은
양이 꽤 많아, 먹고 나면 몸도
마음도 만족스럽다는
것이다.

내가 만약 지방에 살고 있다면,
이거 하나 먹으러 서울에 올 만한 맛이고

내가 만약 외국인이라면 서울에 놀러 와서
가야 할 집 1순위로 꼽을 거 같은 집이다.
불고기 드시면
나오는 과일
후식이에요
감사
합니다

가격은 좀 비싸지만, 좋은 재료로
만든 전통 있는 음식을 멋들어진
분위기에서 먹을 수 있는 집
근데
오늘은
후식도
배네
배는
배부르게
먹었는데
흐흐

먹고 나서 종종 생각나고
참 좋지?
응
又 來 屋

또다시 오고 싶은,
그런 집
又來屋
1946.11 開業

여름에 사람 많아지기 전에
한 번 더 와야겠다

우래옥

주소 서울 중구 창경궁로 62-29 **전화** 02-2265-0151
영업시간 11:30-21:00

1 소복하게 올려진 하얀 배를 걷어내면 편육과 김치가 보인다. 소고기 편육이 기본이고, 돼지고기로 바꿔 달라 요청할 수 있다. 난 이 집만큼은 소고기가 더 맛있더라.

2 김치말이냉면. 고기육수와 김치국물이 섞여 있고 물김치와 배추김치가 들어 있다. 소고기 편육도 넉넉하게 들어 있고, 참기름도 몇 방울 넣었다.

3 냉면을 주문하면 반찬으로 겉절이 딱 한 가지만 나온다. 냉면 나오기 전에 몇 점 집어먹다보면 어느새 바닥이 보인다.

4 김치말이냉면 바닥에는 하얀 쌀밥이 깔려 있다. 냉면도 그렇지만, 이것 역시 양이 많다.

1 냉면 육수를 쭈욱 들이켜고 있는 저자.

2 구수한 메밀 면수

3 반가운 1층 로비. 계단을 따라 2층으로 올라가면 파티장에라도 초대된 듯 설레임이 솟아 오른다.

4 가격은 비싸고 양은 적지만 맛은 최고인 우래옥 불고기. 채소 반찬들도 다양하게 제공된다. 냉면이나 국밥 등 식사만 주문하면 선불인 반면, 고기를 주문하면 식사 후에 계산한다. 불고기를 먹으면서 냉면 사리를 추가해 불고기 국물에 끓여가며 먹기도 한다. 사진 속 불고기 양은 2인분.

오늘도 냠냠냠
42화 인천 용현동 원조통계란영양빵

꽃다운 17살 청춘이 이렇게 하늘도 파랗고 공기도 맑은 날, 학원과 집을 오가며 공부만 해야 하다니!
초·중·고
수학
방문 포장
라지 피자
30

다녀 왔습니다
왔어? 고생했네, 우리 딸

배고프지?
조금
어? 근데 이게 무슨 냄새지?

자, 손씻고 와서 먹어봐
계란빵?
멀리서 온 거라구

와- 아직 따뜻하네
후후후 신경 써서 데웠거든

전자레인지에 돌려 안쪽을 데우고
오븐으로 겉을 바삭하게 구웠지

잘 먹겠습니다

어때?
음-

한 입 더

오오
계란 노른자 나왔다~

노른자가 짭짤하고 고소해서
더 맛있어요
그치?

만들 때 보면, 노른자에 소금을
솔솔솔 뿌리거든
아하!

진짜 맛있다! 폭신한 빵은
달콤하고~

흰 우유랑 같이 먹어야지
후후후

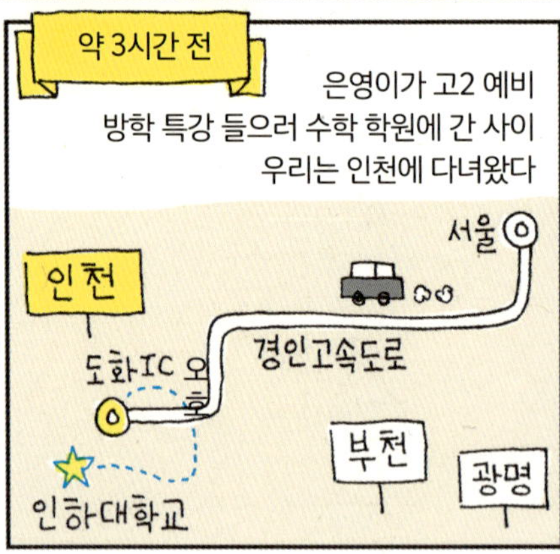

약 3시간 전
은영이가 고2 예비
방학 특강 들으러 수학 학원에 간 사이
우리는 인천에 다녀왔다
서울
인천
도화IC
경인고속도로
부천
광명
인하대학교

야, 진짜
오랜만이다
1954

인하대 후문 앞골목에 있는 계란빵 집이 그날의 목표였지
인하대가 왜 '인하'인지 알아?
아뇨
인천과 하와이의 앞글자를 따온 거야. 하와이 교민들의 성금으로 만든 학교거든
ㅈㅎㅅㅈ

이야- 아직도 똑같은 자리에 똑같은 크기네
계단 영양빵
₩1,000
원조 통계란 영양빵

침대 하나 들어갈 만한 공간에서 노부부가 계란빵을 만드신다.
저 뒤에 계란 쌓인 거 좀 봐

내가 처음 이걸 먹은 때가 1993년이니까 어느덧 30년 전
하나 주세요
1000
계란

그땐 하나에 500원이었고, 그때도 이미 오래된 명물 가게였다.
10개는 포장하고 3개는 그냥 먹을게요
원조 통계란영양 ₩1,000

기다리는 동안 계란빵 만드는 과정을 지켜보기로 하자.

한쪽에 반죽 넣고
계란 까고
소금치고
뚜껑 닫고
반쯤 익은 계란 반대쪽에 반죽 넣고
뚜껑 또 닫고
열어보면, 완성!
감사합니다
아- 참
이쁘다

묵직하네

어

어때?
와, 이거 되게 맛있다!

여기가 계란빵을 세상에서 처음으로 만든 곳이야. 여전히 똑같이 가장 맛있는 계란빵을 만들고 계시고 말야
오오
맛 있당

2000년대 즈음인가? 전국적으로 계란빵 열풍이 불어 붕어빵만큼이나 흔했던 시절이 있었지

지금은 대부분 없어지고 아주 가끔 보이긴 하지만. 하긴 뭐 붕어빵도 찾기 어렵게 되었으니
맛은 비슷하지만 디자인이 품위가 좀 떨어진달까

홍대 앞에서 먹었을 때 하나에 1500원 이었잖아요
그치. 게다가 금방 만든 것도 아니었고

아빠가 인천의 계란빵을 처음 먹고 안에 달걀이 통째로 든 게 너무 신기하고 맛있어서

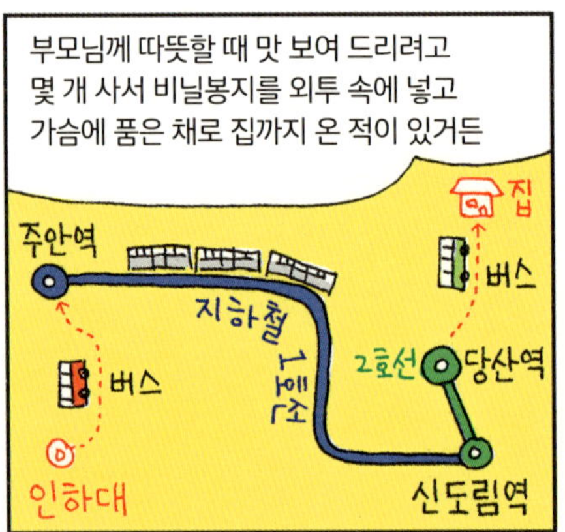

부모님께 따뜻할 때 맛 보여 드리려고 몇 개 사서 비닐봉지를 외투 속에 넣고 가슴에 품은 채로 집까지 온 적이 있거든
집
주안역
버스
지하철 1호선
버스
2호선
당산역
인하대
신도림역

그걸 할아버지 할머니께서 지금도 종종 얘기하시지
감동적 이잖아요

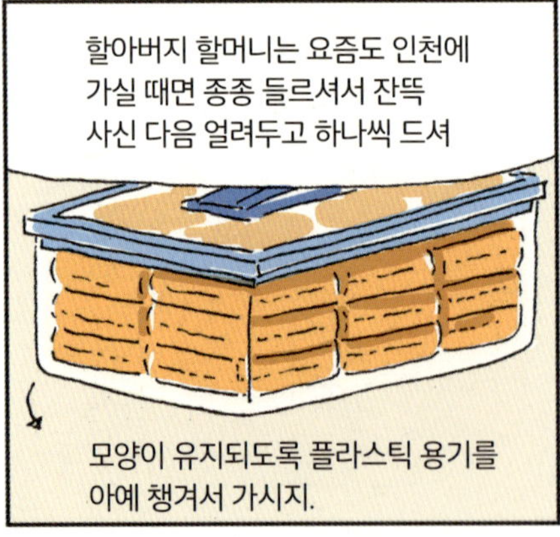

할아버지 할머니는 요즘도 인천에 가실 때면 종종 들르셔서 잔뜩 사신 다음 얼려두고 하나씩 드셔
모양이 유지되도록 플라스틱 용기를 아예 챙겨서 가시지.

이거 꽤 든든한데요
그치? 아침으로 하나씩 먹어도 영양만점이지

근처에 이런 가게가 있어서 금방 만든 걸 하나 먹으면 얼마나 좋겠어. 한 오후 3시쯤 말야.
영양빵
빵 1000
냠냠
아유, 맛있어

집에서 우유랑 같이 먹어도 맛있는데요
먹을 줄 아는구만. 우리 딸이

우유랑 노른자랑 빵이 같이 어우러져서 커스터드 같은 맛이 나요

커스터드 라면, 이거?
영양
네

아빠도 내일 아침엔 흰 우유랑 같이 먹어야지
더 있어요?
8개 남았어
야호

엇, 내가 지금 하나 먹고 있는데

원조통계란영양빵

주소 인천 미추홀구 인하로 77

1 줄을 서서 기다리다 내 차례가 되면 자연스레 계란 빵 만드는 과정을 구경하게 된다. 노부부가 여전히 빠르고 정확한 손길로 달걀을 깨고 소금을 치고 반 죽을 붓는다. 계란빵을 만드는 틀은 한번에 5개를 만들 수 있고, 그런 틀이 3개가 있다. 3개가 바쁘게 맞물리며 쉼 없이 돌아간다.

2 뜨거운 계란빵은 바로 만든 것을 그 자리에 서서 먹을 때가 가장 맛있다. 멀리서 왔다면 욕심을 부려 2개를 한꺼번에 먹을 수도 있겠지만 말이다.

3 1984년 처음 문을 연 후부터 같은 자리에서 같은 크기의 가게를 운영하고 있다. 길든 짧든 늘 대부분 줄이 형성되어 있다. 하나씩 사먹는 학생들도 있고 멀리서 온 김에 10개씩 사가는 손님들도 많다. 나 혼자 먹기엔 너무 아까운 맛이라, 좋아하는 사람들 에게 나눠주고 싶은 마음 때문이리라.

오늘도 냠냠냠
43화 무교동 이북만두
서울 시청 바로 뒤편
빌딩 숲을 걸어가다가

설마 여기는 아니겠지?
싶은 좁고
어두운 골목을 따라 굽이굽이 들어가면
Brand Burger

예전엔 골목이었겠지만, 재개발로
더 이상 골목이 아닌, 길 끝 막다른 곳에
2A
이북만두
입구

서울 한복판에 있는 식당이라곤 믿기 힘든 풍경이 펼쳐진다.
Liscool

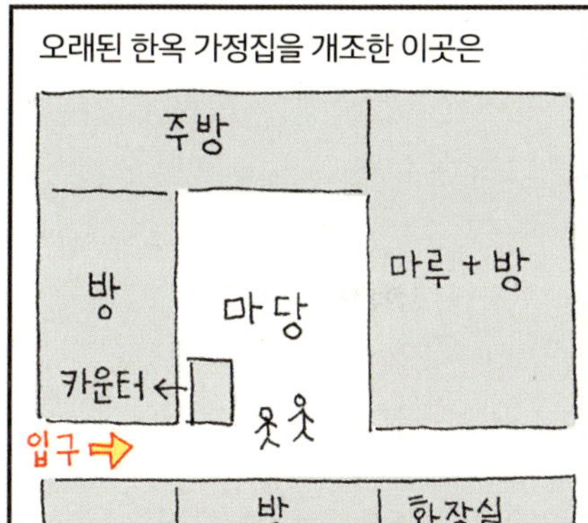

오래된 한옥 가정집을 개조한 이곳은
주방
방
마루 + 방
마당
카운터 ←
입구 ➡
방
화장실

예전엔 저 안쪽 방들이 방바닥에
앉는 자리였는데 테이블석이 됐네

우리 오늘은
마당에 앉을까?
그러자

야, 이 건물도 언제 어떻게 될지
모르겠다. 오래오래 있어야 할 텐데

어? 크리스탈 정수물통이네.
진짜 오랜만이다
STAL
CRYSTAL

나 어렸을 때
우리 집에
저거
배달해서
마셨는데
로고는 바뀐 거
같지만 저
이름이
기억나

'이북만두'라는 이 식당에서 만두보다 더 많이들 먹는 메뉴가 있으니, 그것은 바로 김치말이밥
얼음이 한가득!!
참기름
깨
쪙
쩡
조경규, 2023. 2
우리 부부가 좋아하는 고추전도 반접시 시켰다.

반찬은 늘 두 가지로, 하나는 양념을 거의 하지 않은 어묵볶음
내가 정말 좋아하는 건데~

그리고 또 하나는 김치다.
김치말이밥에 김치 반찬이라니

하얀 쌀밥 위에 젓갈이 전혀 들어 있지 않은 시원한 이북식 김치랑 김치 국물을 부어준 김치말이밥은

아, 시원하다

나는 주문할 때부터 얼음이랑 오이를 뺀다.
얼음 필요하면 말씀하세요. 얼음 많아요
네, 감사합니다

듣자 하니 김치를 매일 담그는데, 사골을 곤 국물을 넣고 만든다고 하더라구
사골 국물?

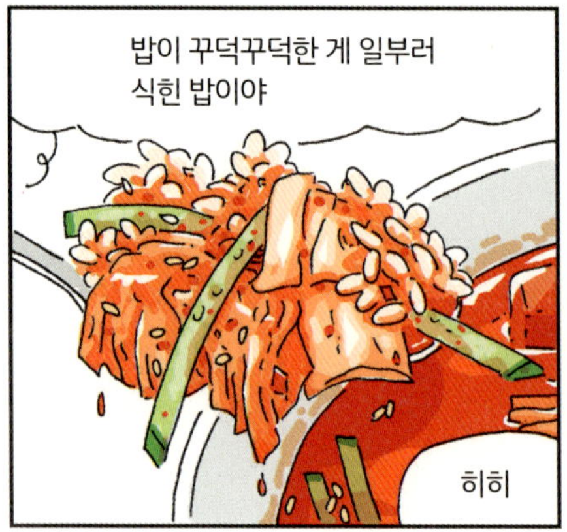

밥이 꾸덕꾸덕한 게 일부러 식힌 밥이야
히히

어울리는 듯, 안 어울리면서도 자꾸만 손이 가는 어묵볶음~

여름에도 맛있지만, 선선할 때 먹는 김치말이밥이 난 더 맛있더라
원래 냉면도 겨울 음식이라고 하잖아. 장독대에서 동치미랑 김치랑 막 꺼내서 말이야

당연한 얘기지. 냉장고가 없던 시절에 이렇게 차가운 음식은 겨울에나 먹을 수 있었지. 여름에 얼음이 어딨어?
냉장고가 뭐요?
나도 몰라

부모님이 모두 이북에서 태어나신 우리 집 김치가 딱 이런 맛이었다. 집에서 김치말이도 종종 먹었지.
겨울이면 집 마당에 장독을 묻곤 했다.

밥보다는 소면을 더 많이 먹었어. 주말 점심 메뉴로 이만한 게 없었단 말야~
참기름
간장
설탕

난 김치말이 밥을 보면
돌아가신 아빠 생각이 나

의사였던 아버지는 집에 많이 안 계셨고,
계시다가도 밤에 전화라도 오면 바로
나가실 정도로 바쁘셨거든

아빠랑 동생이랑 셋이서 있던 어느 날
배고프다
나두

아빠가
오늘은 모처럼 아빠가
맛있는 거 만들어 줄까?
네~에

그때 해주셨던 음식이 바로 이런
김치말이밥이었거든. 참기름 넣고

지금도 동생이랑 그때 얘기를
하곤 해. 아빠가 만들어주셨던
유일한 음식이기도 했으니까
짱~
한데

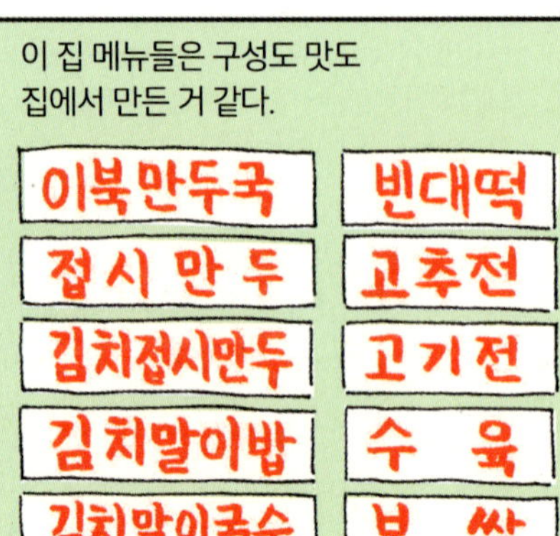

이 집 메뉴들은 구성도 맛도
집에서 만든 거 같다.
이북만두국
접시 만두
김치접시만두
김치말이밥
김치말이국수
빈대떡
고추전
고기전
수 육
보 쌈

두부랑 숙주랑 고기랑 버무려
만든 만두는 슴슴한 이북식이고

만두소를 밀가루랑 달걀물에 묻혀
국물에 삶은 굴림만두는, 만두 만들다
피가 모자랄 때 남은 소로 만든 거
같단 말이지.

고기전은 우리 장모님이 명절 때
부쳐주시는 삼겹살전이랑
비슷하고

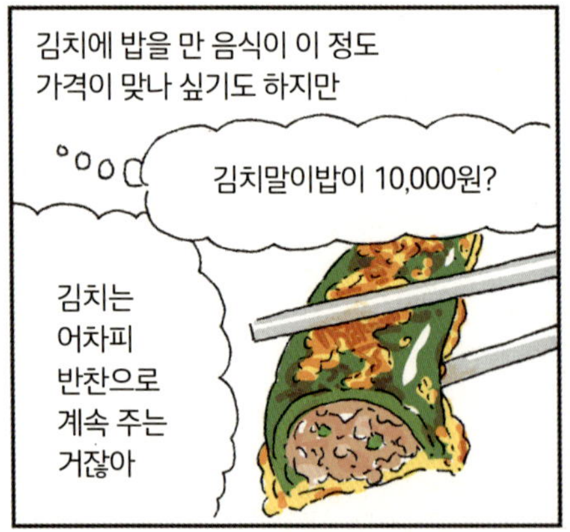

김치에 밥을 만 음식이 이 정도
가격이 맞나 싶기도 하지만
김치말이밥이 10,000원?
김치는
어차피
반찬으로
계속 주는
거잖아

그래도 늘 한결같은 맛의 김치말이밥을
언제든 만날 수 있다는 사실이 든든하다.
아- 잘 먹었다
나두

앞서 소개했던 을지로4가 우래옥에도
김치말이냉면이란 메뉴가 있다.
고기 국물 +
동치미 국물
김치
편육
메밀
국수

국수 아래에 쌀밥이 조금 들어 있다.
냉면과 마찬가지로
돼지고기로 변경 가능
2023년
현재
가격은
16,000원

어으, 뱃속이 춥다

어? 여기에 장독이
이렇게나 많았었나?
들어갈 땐 몰랐네
김치가
가득 들어
있으려나?

아무것도
없는데?
하긴. 여긴 가게 밖
골목길이잖아

후식은
따뜻한 걸로
하자
난 달콤한
것도 같이~

이북만두

1 칼칼하고 시원한 김치말이밥이랑 같이 먹기 좋은 전. 모듬전에는 녹두빈대떡, 고기전, 고추전이 다 들어 있다. 굳이 딱 한 가지만 골라야 한다면, 나는 고추전!

2 접시만두는 고기와 김치 두 가지가 있다.

3 당장 내일부터 리모델링 공사가 시작된다 해도 이 상하지 않은 식당 입구.

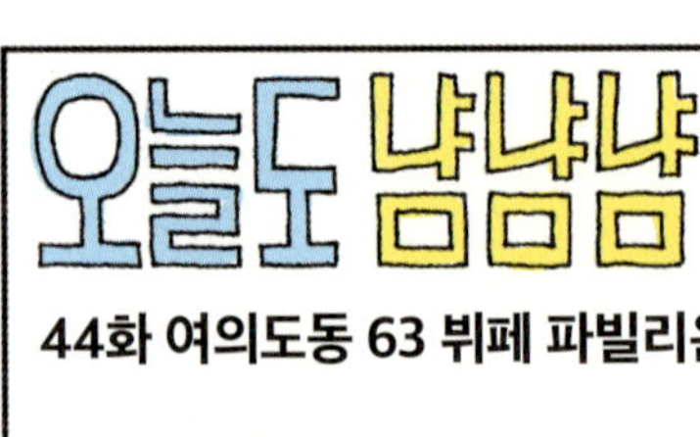

44화 여의도동 63 뷔페 파빌리온

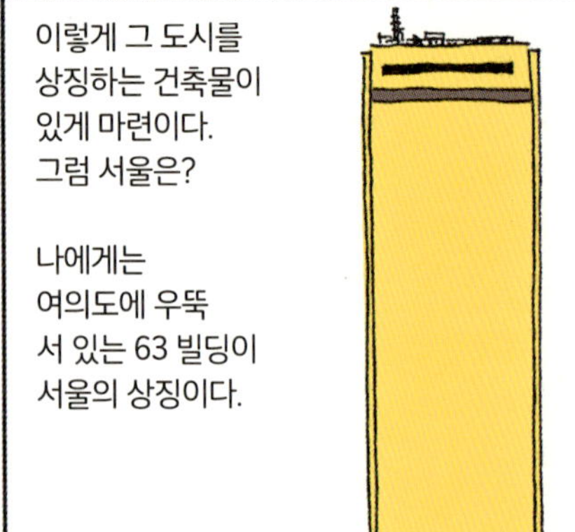

지난 6-7년간 우리 가족이 1년에 한 번씩 정기적으로 찾는 곳이기도 하다.

가격대는 물론 높지만 서울 5성급 호텔 뷔페에 비하면 대략 70% 수준이고 네이버 예약 시 10% 할인을 받을 수 있다.
63 BUFFET

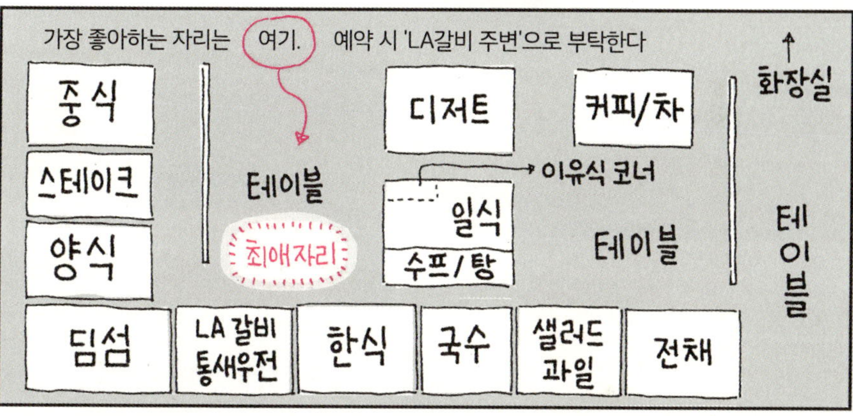

가장 좋아하는 자리는
여기.
예약 시 'LA갈비 주변'으로 부탁한다
↑
화장실
중식
스테이크
양식
딤섬
디저트
커피/차
테이블
→ 이유식 코너
일식
수프/탕
테이블
테이블
최애자리
LA 갈비
통새우전
한식
국수
샐러드
과일
전채

자, 준영이 중학교 졸업 축하해요
축하해
감사합니다

12시 오픈과 동시에 바로 시작!

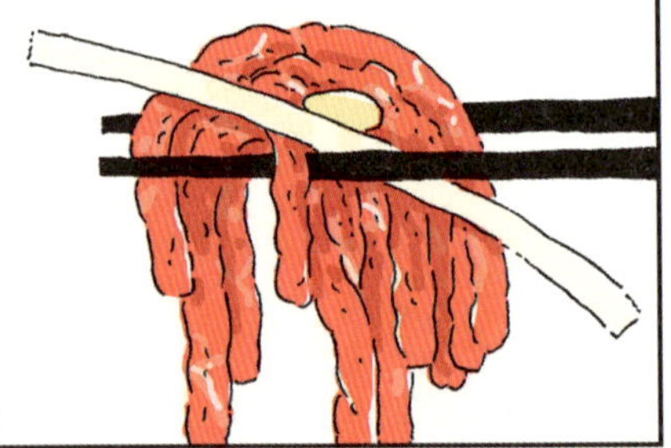

몇 년 전까지는 육사시미를
런치에서 만날 수 있었지만,
지금은 저녁/주말에만 제공된다.

통통한 새우와 보드라운 오징어를
고소하게 버무린 해산물 잣즙 냉채는
왠지 모르게 <대장금>을
떠오르게 한다.

은영이의 최애 메뉴는 63 빌딩을 닮은
황금빛 호박죽.

깊고도 그윽한 단맛이 배를 따뜻하게 해준다.
그
래
이런
맛
이었지

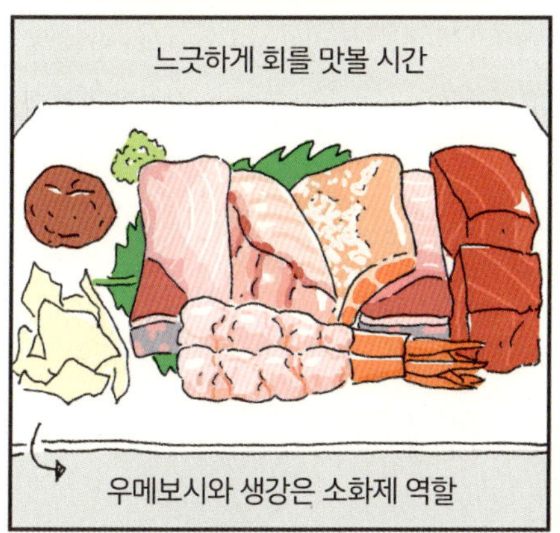
느긋하게 회를 맛볼 시간
우메보시와 생강은 소화제 역할

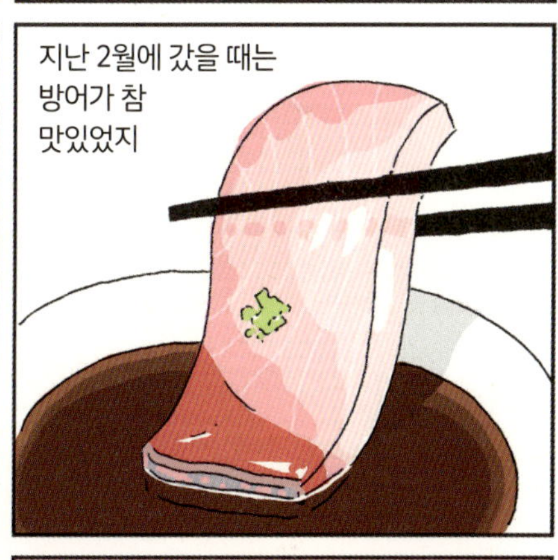
지난 2월에 갔을 때는
방어가 참
맛있었지

초밥도 좋아하는 걸로 몇 가지
만들어달라 부탁하고

재료가 꽉찬 후토마키는 꼬투리로 하나만

따스한 메인으로 방향을 바꾸어 통새우전을 맛본다. 이곳에서 오랜 시간 사랑받아온 메뉴로 안 먹으면 후회할 맛이다.

달팽이도 두어 개 먹고

또 하나의 시그니처 LA갈비 파티 타임~
63

뜨겁더라도 손으로 들고 냠냠냠~
조경규, 2023.3

나 어릴 적 63 뷔페는 채광이 좋고 가운데 큰 분수도 있어 훨씬 밝고 경쾌한 분위기였다.

아내와 데이트 하던 때도 그랬었다.
二〇〇二년

아이스 홍시가 마냥 신기하던 시절 이야기다.
이 여름에 어떻게 홍시가 있을 수 있지?
신기하다

은영이가 10개월 때 와서 찍은 사진을 보면 인테리어가 차분한 모노톤으로 변하기 시작했다.
二〇〇7년

보양식 불도장은 2년 전까지도 런치에 있었지만 지금은 저녁/주말 메뉴. 아들이랑 두 그릇씩 먹곤 했는데…

불도장과 함께 시간제로 한정 수량 제공되던 버섯 앙쿠르트 수프가 언제든 먹을 수 있게 바뀐 것은 환영할 일

바삭하게 구워진 페스츄리를 손으로 조금씩 찢어 먹다가

안에 든 버섯 크림수프에 적셔 먹으면 그야말로 JMT

눈 앞에서 직접 만드는 딤섬도
몇 개 골라 먹고

시계가 2시를 지날 때쯤, 다시 말해서
배가 약 70% 정도 찼을 무렵
후식으로
넘어간다.
왕새우전 하나만 더 먹고

맛있는 디저트가 너무 많거든

조각 케이크와 과일에 에그타르트도
잊지 않는다
여기가
진짜 에그
타르트
맛집이라
구요!

커피도 참 맛있어서 우리 부부는 꼭
한 잔씩 마신다.
치즈
케이크
망개떡

여러 디저트에 두루 어울리는
따뜻한 체리쥬빌레도 63 뷔페의
자랑거리 중 하나

아들과 나는 오골계 수프로 63 뷔페를
마무리하는 게 전통이 되었다.

이걸 먹지 않고는 63 뷔페에 왔다고
말할 수 없는, 그런 맛이다.

3시간 꽉 차게 먹고 나오면 배는 포화 상태고,
3시간 무료 주차는 초과되어 2천 원 정도
추가 요금을 내야 하지만

63뷔페 파빌리온

주소 서울 영등포구 63로 50 한화금융센터63,GF **전화** 02-789-5731
영업시간 평일 점심 12:00-15:00 저녁 18:00-21:00

금요일 저녁은 1, 2부, 주말과 공휴일은 점심과 저녁 모두 1, 2부로 운영된다. 그럴 경우 식사 시간은 단 2시간뿐이다. 무조건 일찍 가고 볼 일이다. 커피와 차를 주문할 수 있는 코너가 따로 있다. 난 이곳의 카푸치노가 그렇게 맛있더라.

오늘도 냠냠냠
45화 종로 6가 양지식당
421 동대문 Dongdaemun
東大门 トンデムン

지하철 1,4호선 동대문역에서 내려

10분 정도 걸어가서
와-
나무에
새싹 난
거 좀 봐

대박
패턴
지 골목으로
들어가면
바로 나와

양지식당
패턴
저기?
그런 거 같은데

맛집 정보통 한상준 비아북 대표님이
싸고 맛있는 집이라며 침이 마르도록
칭찬한 백반집에 드디어 도착
집밥의 원조 양지식당

몇 주 전
매일 직접 만드는 반찬 8가지가 나오는데 정말 하나같이 다 맛있어요 메뉴는 바뀌구요

토요일엔 게장도 있고
메추리알에 굴비 구이도 있었고

근데 이 모든 반찬들을 달라고 하면 고맙게도 계속 더 주셔요
오호

여기서 잠깐. 우리나라의 모든 한식당은 기본적으로 반찬이 무한리필이다. 가령 생선구이 백반을 주문했다고 하면
콩나물
어묵볶음
무생채
김치
생선구이
고추
국
밥
쌈장

생선구이는 더 받을 수 없지만, 국이나 나머지 반찬들은 공짜로 계속 더 먹을 수 있다. (물론 다 먹는다는 전제 하에)
여기 어묵볶음 더 주세요
아, 콩나물도요

국밥집에서도 국물은 더 주지만 건더기는 더 받을 수 없는 게 암묵적인 약속
감사합니다

근데 이 집은 생선구이도 더 주고 게장도 더 주고 다 더 줘요
오, 그것 참 신기하네요

그리고 금요일은 제육볶음이 나오는데 돼지고기를 200kg 쓴다던가 그래요. 역시 계속 더 받을 수 있고요
꿀꺽

이게 다 해서 1인분에 6,000원 이라구요?
그렇다니까요

전심 영업만 해서 전 평일엔 회사 때문에 못 가고 토요일에만 가요. 일요일엔 영업을 안 하구요

토요일 아침에 와이프랑 양지식당에서 밥 먹고 종로 알라딘 중고서점에서 책 쇼핑하는 게 제 소확행입니다
하셔서 오긴 왔는데
토)
금)제육백반
집
밥

전철 타고 와보니 딱 한 시간 걸리더라.
(아침 출근 시간대라 차를 가지고 와도 비슷한 상황)
두분 이시죠?
네

아무리 밥값이 싸다고 해도 거리가 걸어갈 정도가 아니라면 결코 싼 게 아니다. 이곳만 하더라도 밥 값에 전철비를 더하면 8,600원이니까

오며 가며 왕복 2시간이 걸리니 시간 역시 고민되지. 기다리며 줄을 서야 한다면 길에서 보내는 시간이 얼마야?

가령 1,000원짜리 꽈배기가 이것저것 더하면 5,000원짜리 황금 꽈배기가 될 수도 있고

5,000원짜리 꽈배기가 맛있으려면 보통 맛있어서는 안 되는 거겠지.

게다가 재택근무 20년차인 우리 부부는 집밥에 대한 로망이 없어서 외식 메뉴는 집에서 먹기 어려운 거 위주로 고른다.

그런 복잡한 마음으로 오전 10시 반 집밥 브런치가 시작되었다.

작년 이맘때쯤 받았던 우리의 첫 식단
그럼, 잘 먹겠습니다!

가자미 구이에 가지볶음~

건더기가 푸짐한 김치 콩나물국

야아- 김칫국이 시원하니 맛있다
반찬 좀 더 드릴까요?

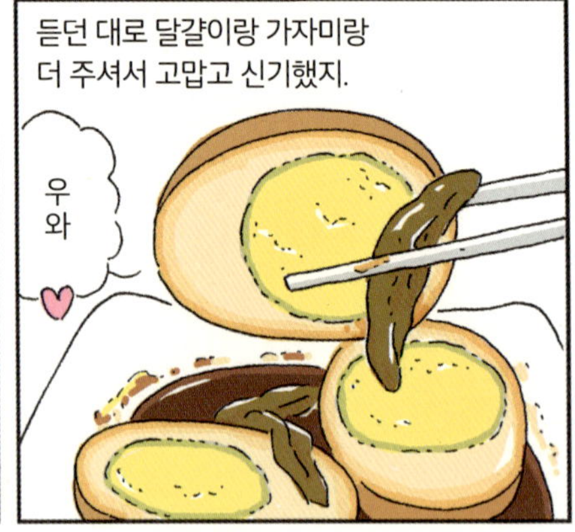

듣던 대로 달걀이랑 가자미랑 더 주셔서 고맙고 신기했지.
우와

동대문 시장을 종종 찾는 처제를 데리고 오기도 했고

그 사이 7,000원으로 올랐네
알   림
식자재 가격폭등으로 식대
를 9월 13일부터 1,000원
인상합니다. 양해부탁드립니다.
죄송합니다.
계좌
90
새마

잡채도 냠냠

눈이 휘둥그레질 맛은 아니지만
집밥처럼 푸근하고 편안한 맛에
春梶立春大吉
建陽多慶
내가
좋아하는
미역국
이당~

그 후 처제도 이 집 고객이 되었다.
오늘 친구랑
갔다고 그러더라고
양지식당에?
응,
몇 번
갔었나
봐

물론 금요일 제육데이에도 방문해서
한상
푸짐
하구나!

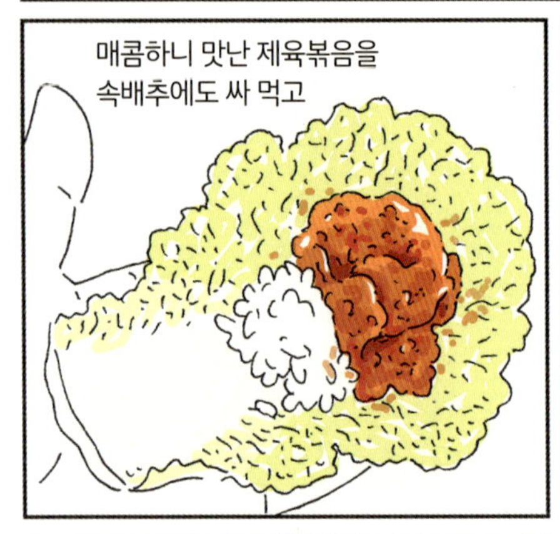

매콤하니 맛난 제육볶음을
속배추에도 싸 먹고

달걀찜에
깻잎장아찌도

제육볶음 조금 더 받아서
밥이랑 같이 신나게 먹었지.

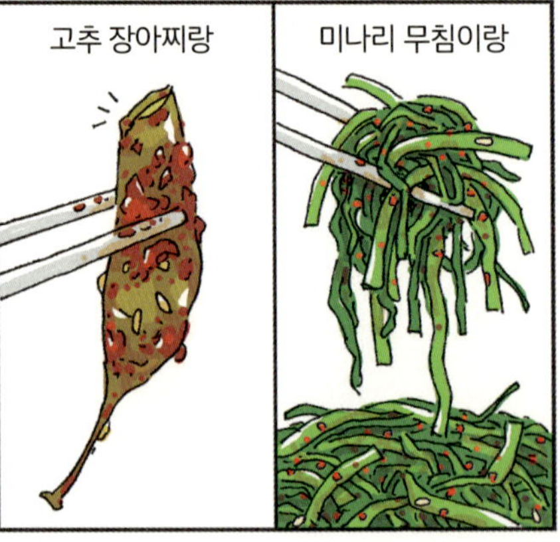

고추 장아찌랑
미나리 무침이랑

내가 인스타그램에서 팔로우하는 여섯 계정 중 하나가 양지식당이다.

hiro_ken　hiro_ken
mtyson1122　엠타이슨
ikjoongkang　강익중
songsongbooks　송송책방
kellecalco　kelle Calco
yangji6794_　동대문 양지

그날그날 만든 반찬들을 사진 찍어 올리시는데 보는 재미가 쏠쏠하다.

아직 댓글 한 번 단 적 없지만 '좋아요'는 잊지 않고 꾸-욱 누른다.

양지식당

주소 서울 종로구 율곡로29길 4
전화 02-745-8306 **영업시간** 10:30-14:30 / 매주 일요일 휴무

1 30년 엄마손맛 양지식당의 반찬 퍼레이드.

2 한상준 대표님이 찍어 보내준 토요일 식단. 토요일
엔 반찬 가짓수가 조금 더 많아진다.

3 달걀찜 안에서 노른자 발견! 야호!

4 2023년 여름 식당을 조금 더 확장했다.

오늘도 냠냠냠
46화 파주시
류재은베이커리

우리 가족은 1년에 두어 번 서울 근교
아울렛에 가서 쇼핑을 한다.

10여 년 전에 파주 롯데아울렛에서
아이들 신발이랑 주방 용품 사다가

마늘빵이라…
마늘빵

가판대에서 팔길래
별 기대 안 하고
먹었던 마늘빵이

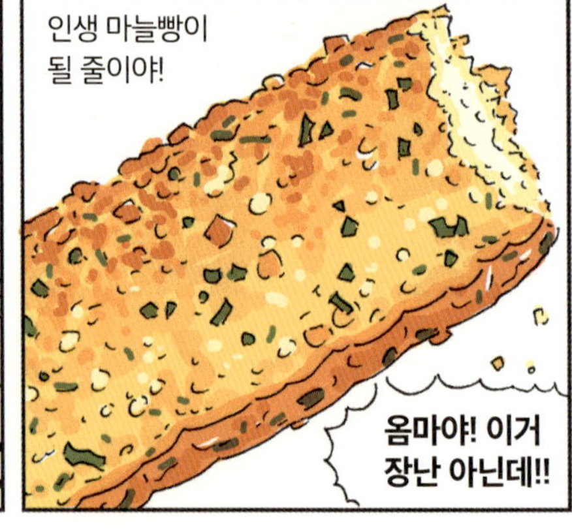

인생 마늘빵이
될 줄이야!
옴마야! 이거
장난 아닌데!!

이전까지 먹어오던 마늘빵이 버터+마늘+파슬리의 고소하고 가볍고 바삭한 조합이었다면

이건 찐득찐득 쫀득쫀득 바삭바삭 완전히 딴 세상 마늘빵이었다.

알고 봤더니 그 아울렛 안에 빵집 매장이 따로 있더라.
류재은 베이커리 CAFE

그 후로 이 아울렛에 갈 때면 잊지 않고 마늘빵을 챙겨 먹었다.

그러다 어느날
어! 분명히 여기 이 자리 맞는데?
그러게
60% SA

없어졌나봐
우왕! 이제 어떡하지??

근데 알고 봤더니 그 빵집 본점은 파주에 따로 있었더라.
류재은?

저기 거기 아니야?
류재은 BAKERY & CAFE
와앙 빵

어? 맞네!
똑같은 집이네!
경북 의성 마늘과 천연발효종으로 만든
허브와 마늘빵
Since 1997

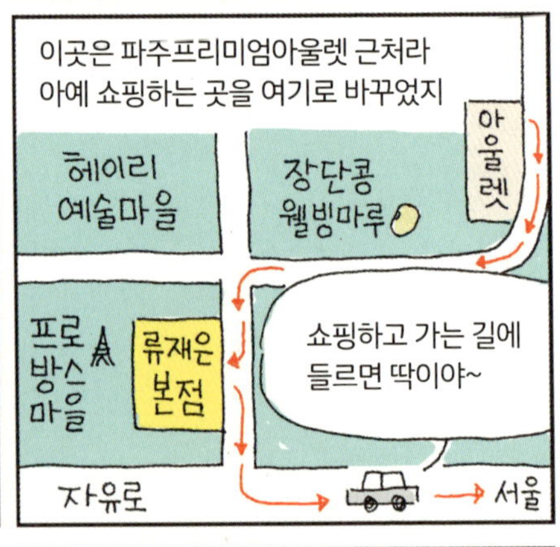

이곳은 파주프리미엄아울렛 근처라 아예 쇼핑하는 곳을 여기로 바꾸었지
헤이리 예술마을
장단콩 웰빙마루
아울렛
프로방스마을
류재은 본점
쇼핑하고 가는 길에 들르면 딱이야~
자유로
서울

이곳에서 마늘빵 만드는 법은 이렇다. 일단 바게트를 만들고

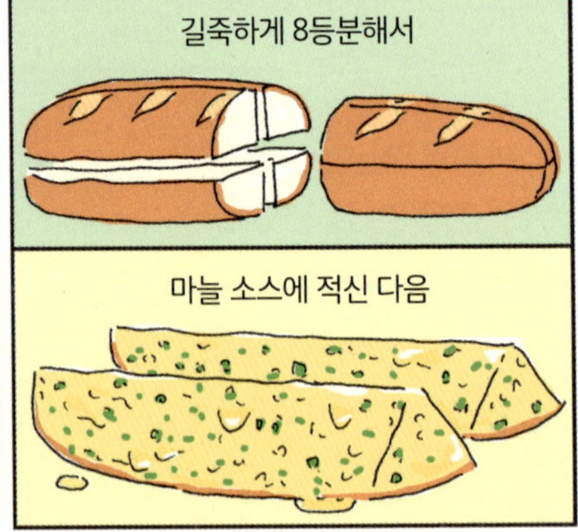

길죽하게 8등분해서
마늘 소스에 적신 다음

오픈된 매장 주방에서 한번 더 굽는다.

워낙 잘 팔리다 보니 하루 종일 계속 만든다.
시간이 딱 맞으면 뜨거운 걸 먹을 수도 있고

뜨겁진 않아도 온기가 남아 있는 건 언제든 먹을 수 있다.
BEST 1
허브와 마늘빵

그 밖에도 수많은 맛난 빵들이 있지만
몽블랑 위가 봉긋한 것 좀 봐

신기하게도 마늘빵용 바게트는 따로 판매하지 않는다.
마늘빵 용으로만 만드나봐

우린 늘 평일에만 와서 모르는데 주말에는 줄을 서기도 하나 보네
진짜
마늘빵 구매 대기줄
이곳에서 기다리시면 금방 나옵니다

시간이 허락된다면 2층에 올라가

자리에 앉아 오붓하게 먹을 수도 있다.
아, 난 그냥 먹을게요

칼로 잘라 포크로 우아하게 먹을 수도 있지만 난 기다란 걸 손에 들고 먹는 게 좋더라.
좀 끈적거리긴 하지만, 뭐 어때
조경규, 2023.4
길이가 약 22㎝

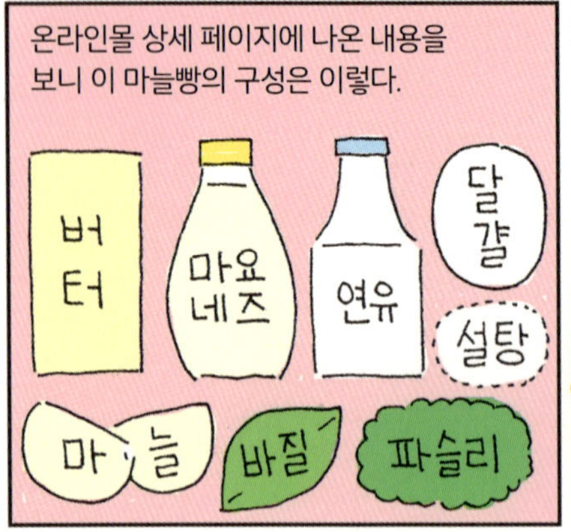

온라인몰 상세 페이지에 나온 내용을 보니 이 마늘빵의 구성은 이렇다.
버터
마요네즈
연유
달걀
설탕
마늘
바질
파슬리

단맛과 짠맛과, 고소함과 알싸함이 뒤섞인 무척 적극적인 맛!

그러다가 하루는 문산 반구정 장어집에 가는데
?

알고 보니 그 근처에 당동 분점이 있더라.
여기 거기 맞지? 부엉이 마늘빵!
SINCE 1997
CAFE 류재은베이커리
마늘빵

날씨도 좋고 기분도 좋은 날 점심 먹고 빵집 테라스에서 커피랑 후식 먹으면 딱 좋아!

달달한 생크림팥빵!
100% 우유 크림
묵직하고 큼직하다!

단팥만주
팥소 자체가 맛있어서 팥 들어간 건 다 맛있다.
단팥빵

완두소와 팥소가 든 커다란 빵 사이에 새콤달콤 블루베리잼이 든 맘모스~

또 어느날은 누네띠네가 눈에 띄길래
Sweet Pastry
누네띠네
Hazelnut Pie
헤이즐넛 파이

뜨거운 커피랑
먹었더니

우와! 이런 누네띠네는 또 처음이네!
→ 대략 19cm
맛도 크기도 슈퍼 자이언트급!

와
삭
이

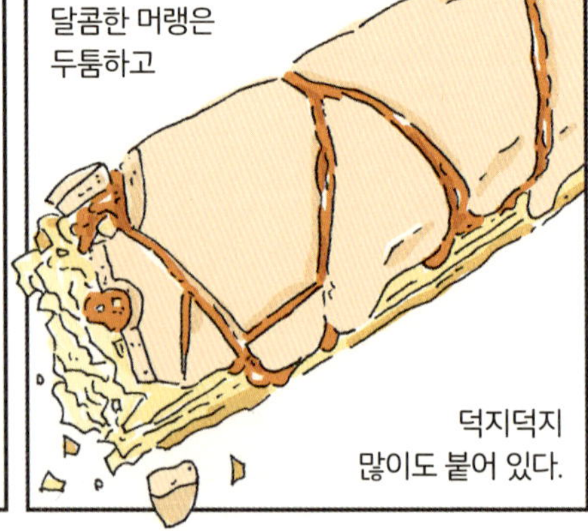
달콤한 머랭은
두툼하고
덕지덕지
많이도 붙어 있다.

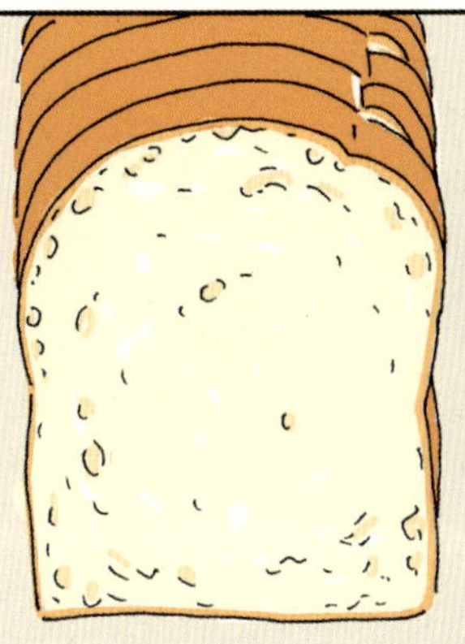

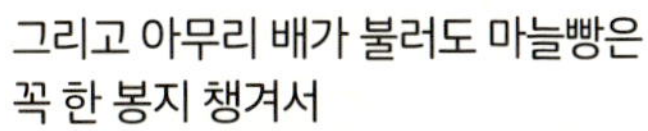

그리고 아무리 배가 불러도 마늘빵은
꼭 한 봉지 챙겨서

아이들 먹을 거
조금 남겨놓고

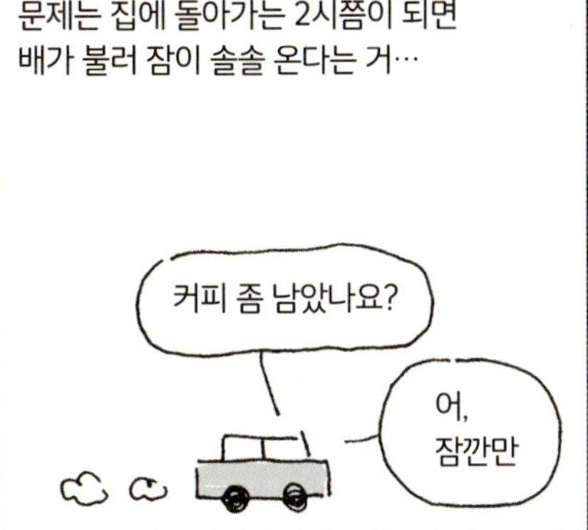

류재은베이커리

본점 주소 경기 파주시 탄현면 요풍길 265 **전화** 031-939-8493 **영업시간** 09:00-21:30 **프로방스점 주소** 경기 파주시 탄현면 새오리로 77 **전화** 031-944-8107 **영업시간** 10:00-21:00

1 마늘빵이 맛있으니 이것도 맛있겠다 싶어 주문해본 빅사이즈 갈릭치즈프레즐.

2 여러 겹의 바삭한 파이만주. 많이 달지 않은 팥소도 참 맛있다.

3 결을 따라 블루베리잼이 넘쳐나는 블루베리식빵.

4 우유 크림이 가득 든 생크림 단팥빵을 보면 집에 있는 은영이 생각이 나 하나 집게 된다.

5 파이 위에 파주 장단콩을 듬뿍 얹어 달콤고소한 장단콩 플로랑팡.

1 사계절 다른 모습의 당동점.

2 프로방스점은 위층에 넓은
공간이 마련되어 있다.

3 맛있는 키다리 형제 헤이즐
넛파이와 누네띠네.

4 본점은 자유로 진입도로 근처에 있다. 제때 빠져나오지 못하면 그대로 자유로로 가버리는 불상사가 일어나니
천천히 잘 보고 찾아가자.

따뜻한 마늘빵 + 차가운 커피 + 좋아하는 사람과의 소소한 대화 = 나름 완벽한 오후

오늘도 냠냠냠
47화 필동 필동면옥
아빠, 오늘 미세먼지 있어요?

잠깐만 기다려 봐

우리 집 창문을 열고 밖을 내다보면 미세먼지 수준을 대략 짐작할 수 있는 풍경이 펼쳐진다.

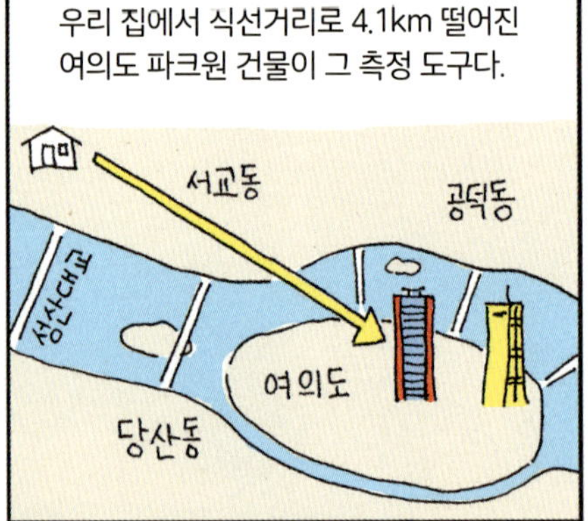

우리 집에서 식선거리로 4.1km 떨어진 여의도 파크원 건물이 그 측정 도구다.
서교동
공덕동
성산대교
여의도
당산동

쾌청한 날에는 건물의 파란색 창문과 빨간색 기둥이 선명하게 보인다.
좋음
낙지

형태는 보이는데 색 구분이 잘 안 되면 공기질이 나쁘다는 얘기고
나쁨
낙지

햇볕이 쨍쨍한데도 건물의 형태조차 잘 보이지 않는다면 매우 나쁨이다.
매우 나쁨
낙지

오늘도 좀 나쁜 거 같네
어, 확실히 나쁘네. 하루 종일 그런가봐
오늘도요?

나 오늘 체육에 방과 후 농구부도 있는 날인데

어떡하지? 마스크 쓰고 해야겠는데
요즘 늘 그러고 있어요. KF94로
여기 물
감사합니다

올봄은 유난히 미세먼지에 황사까지 뿌~연 날이 많다.
다녀 오겠습 니다
그래도 비 와서 아예 못하는 거보단 낫잖아. 그치?
네

그런 날이면 우리 마음까지 텁텁하고 꿀꿀해진다.
에구

그러면서 깊은 산 계곡물처럼 맑디 맑은
육수의 필동면옥 냉면이 그리워진다.

이곳은 어릴 적 아버지랑 오던 집으로

사회인이 된 후로는 근처에
단골 인쇄소가 있어 오는 길에
들르곤 했다.

채광이 좋은 실내는 밝고
깔끔하고

바닥이 훤히 보이는 투명한 육수는
바라만 봐도 마음까지 맑아지는 기분

이 집 냉면은 여러모로 나의
이상형에 가깝다. 일단 온도가
적당히 시원해서 좋고
(전 너무 차가운 건 별로라서요)

오이가 들어 있지 않아서 더 좋다.
(오이를 전혀 못 먹습니다)

그리고 고춧가루가 기본으로
솔솔 뿌려져 나온다.
(원래 고춧가루 좀 치거든요)

고기는 껍질 붙은 돼지고기 한 점,
소고기 한 점 나오는데

돼지고기 안 좋아하는 아내랑 고기를 하나씩 교환하면
비로소 나만의 평양냉면이 완성된다.

난 겨자 조금 넣을게
응

가늘고 부드러운 메밀국수를 숭덩숭덩 썬 대파와 함께 먹으면

대파의 아삭함과 알싸함이 무척 상쾌도 하다
음, 깨는 왜 넣는지 아직 잘 모르겠지만 말야

곁들이는 새콤달콤 무김치는 맛있어서 늘 한 접시 더~

시원한 이북식 김치 한 점 들고
냉면이랑 같이 먹으면

김치 냉면이 된다.

아들이랑 왔으면 차가운 제육
한 접시 했을
테지만

좀 저렴한
반접시도
있으면
좋을 텐데

대신 아내랑은
따뜻한 만두
하나 해서
같이
먹는다.

참 맛있어~

졸 졸 졸~

두부+고기+숙주

어?
이거 좀
봐봐

면수 밑에 하얀 게
가라앉아 있어
그래?
진짜네

메밀국수 삶을 때
메밀의 좋은 성분이
녹아 나온다던데
이게 그건가?
섞어서
마셔 보자

아-
따뜻하고
구수하니
좋다

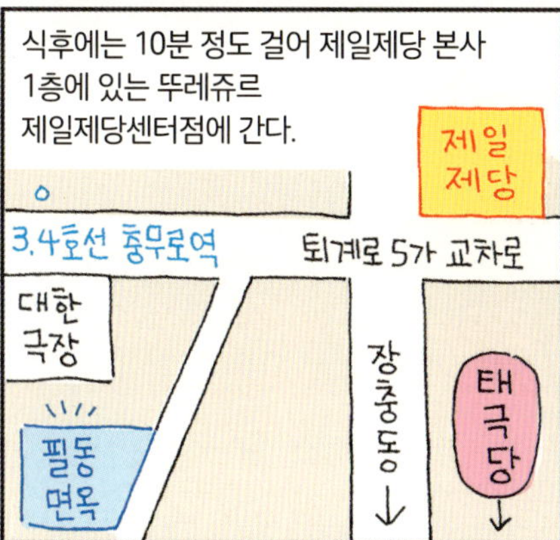
식후에는 10분 정도 걸어 제일제당 본사
1층에 있는 뚜레쥬르
제일제당센터점에 간다.
제일
제당
3.4호선 충무로역
퇴계로 5가 교차로
대한
극장
필동
면옥
장충동
태극당

무지하게 커다란 매장에 동네 지점에선
못 보던 빵과 케이크가 한가득이거든~
그래?
후식은
내가
살게
뭐든지?

필동면옥

주소 서울 중구 서애로 26 **전화** 02-2266-2611
영업시간 11:00-20:30 / 16:00-17:00 브레이크타임 / 매주 일요일 휴무

1 눈으로만 봐도 참 구수한 국수

2 제육을 먹고 싶다만 솔직히 좀 비싸다. 이북식 만두를 같이 먹으면 배도 부르고 기분도 좋다. 맛도 물론 수준급.

3 두 가지 김치 모두 냉면과 찰떡궁합

4 냉면집 앞에 줄이 길어진다는 것은 여름이 오고 있다는 얘기. 대기 손님들을 위해 그늘막이 설치되어 있다.

5 근처에는 오래된 인쇄소가 많아 인쇄용 종이를 싣고 달리는 삼륜오토바이를 자주 볼 수 있다. 퇴계로 길가에는 오토바이와 반려동물 관련 가게들이 줄지어 서 있다. 퇴계로에서 필동면옥을 향해 길을 따라 걷다보면 남산과 남산서울타워를 볼 수 있다.

오늘도 냠냠냠
48화 인천 신포국제시장

우리 가족은
농구를 좋아한다.
NBA와 KBL을
모두 좋아하지만
우리나라 농구만의
재미가 있다.

그중 한 가지는 좋아하는 선수들
중, 고등학교 방문하기. 가령
허훈과 허웅 형제가 다닌 용산고
허훈
허웅
이승현
KT 5G
KCC

내가 다녔던 양정고등학교 자랑스런 후배들
이대헌
차바위
두경민
한국가스공사
한국가스공사
DB

농구 명문인 인천 송도중학교도 이 모교
탐방에서 빠질 수 없지.
김선형
전성현
5K
박준영
Carrot
23

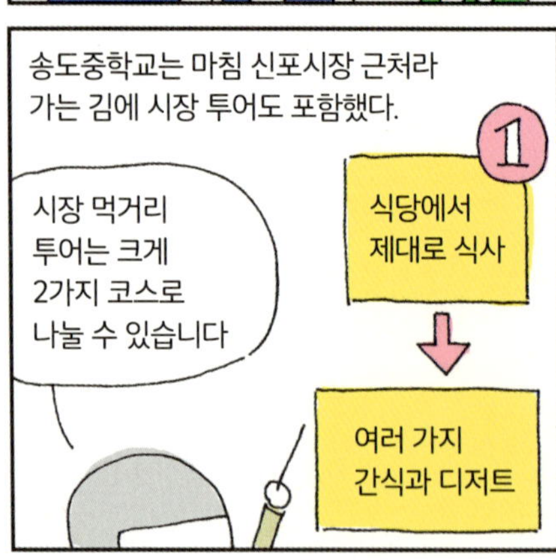

송도중학교는 마침 신포시장 근처라
가는 김에 시장 투어도 포함했다.

시장 먹거리
투어는 크게
2가지 코스로
나눌 수 있습니다

1
식당에서
제대로 식사

여러 가지
간식과 디저트

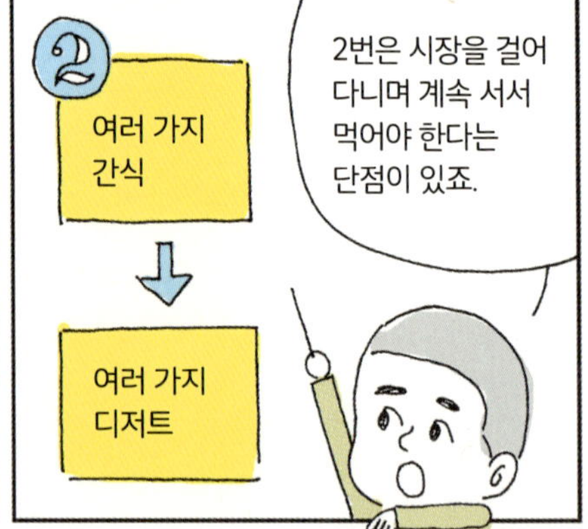

2
여러 가지
간식

2번은 시장을 걸어
다니며 계속 서서
먹어야 한다는
단점이 있죠.

여러 가지
디저트

앉아서 천천히 메인을 먹자는 쪽으로
의견이 기울었고 신포우리만두와
신포닭강정이 식당 후보 2곳으로
올랐다가

닭강정은 포장이 가능하니
추억의 신포우리만두 본점으로
점심 장소가 정해졌습니다.
신포우리만두
SINCE 1971
본점

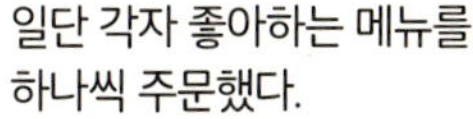

일단 각자 좋아하는 메뉴를
하나씩 주문했다.
전 언제나처럼
만두칼국수

나는 치킨데리야끼우동!
볶음우동이 너무 좋아!

나는 고민할 것도 없이
디 오리지널 쫄면

나는 음…
시원한 육수가
있는 면이 가는
쫄면으로 한번
해볼까?
MENU

그리고 만두도 좀 시켜야지.
고기만두랑 김치만두, 새우…
고기만두

일단 고기만두로 한 판

신포우리만두는 전국에 지점이 있지만
여기 본점에서 만두를 주문하면
바로 만들어 쪄줘서 더 맛있어

가는 쫄면은
어때요?
맛있어! 먹어
볼래요?
아, 난
오이 때문에

바로 이 집에서 우리나라
최초의 쫄면이 만들어졌다구
아유, 알죠
그런
의미에서
한 입만

만두를 좀 더 먹고 싶었지만 시장 투어를
앞두고 배를 좀 비워둬야 하니까
신포국제시장
Sinpo International Market
자, 그럼 뭐 맛있는 게 있나 볼까?

오, 공갈빵
공갈빵은 좀 더 가서 늘 가던 집으로 가자
40년 정통 중국식
구원만.
2대째 내려오는 공갈빵
에그타르트

에그타르트 하나 사서 나눠 먹을까?
그러자!

육쪽마늘빵?
강릉에서 먹던 바로 그 집인데? 분점인가봐
강릉 육쪽 마늘빵
Pain Famille
팡파미유

육쪽마늘빵도 하나 구입~
크림 치즈
지름이 10 cm
진짜 커다란 마늘 모양이네

저 건너편 만두집은 고기만두가 꽤나 맛있지. 오늘 만두만 안 먹었어도 몇 개 사 먹는 건데
6138
무역
中国饅头

말랑말랑 작은 만두에 돼지고기 맛이 풍성해서 꼭 중국에서 먹는 만두 맛이야

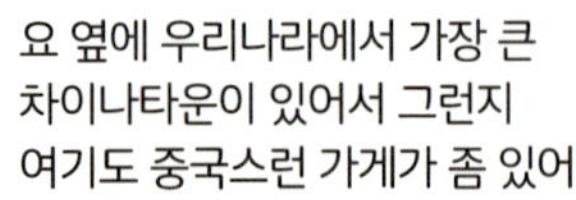
요 옆에 우리나라에서 가장 큰
차이나타운이 있어서 그런지
여기도 중국스런 가게가 좀 있어

신포공갈빵
어?

이상하다.
여기는 분명히
아, 저희가 얼마 전에
자리를 옮겼어요
화덕
팥호떡
화덕
대왕공갈빵

아, 어쩌지!
안에서 화덕에
공갈빵 굽고 있는
모습을 보니까
그 집 맞네

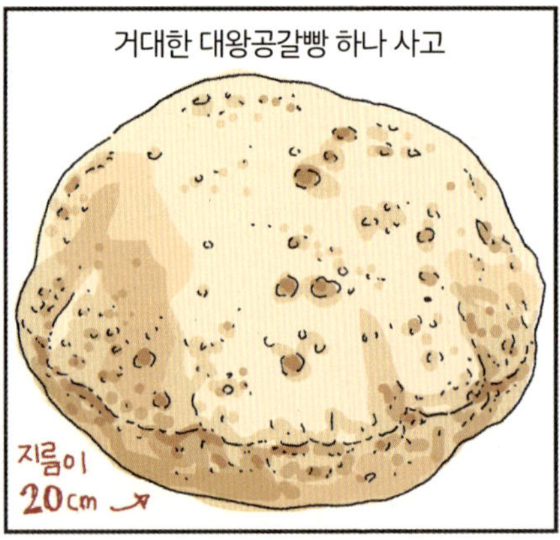
거대한 대왕공갈빵 하나 사고
지름이
20cm

요게 속은 텅 비었지만, 안쪽에
설탕이 꽤 많이 묻어 있거든.
달콤하니 맛있어
맛있죠

구수하게
구운 맛이
화덕피자 같은
맛이 나잖아요
그래, 그러고 보니
생긴 것도 꼭
화덕피자 테두리랑
비슷하다. 응?

달인의 핫바 하나씩 사서

바로 옆 숯불김 가게
김이랑 먹으면 꿀조합!
(김 가게 할머니께 배웠지)
숯불
김
SBS
핫

총각강정은 오늘 문이 닫혀
있네. 쫀득쫀득 오란다
부드럽고
진짜 맛있는데
한과
신포총각강정

신신옥! 저번에 저기도 갔었잖아
SINCE 1958
신 신 옥
TEL : 766 - 0303

장어튀김이라는 신기한 메뉴가 있는
분식집이지. 자그마한 장어 튀김에
자꾸 손이 갔잖아

쫄면처럼 탱글탱글한 면이 들어간
튀김 우동은 튀김 부스러기가 퉁퉁
불면 국물이 고소해져서 맛있구

인천에서 학창 시절을 보낸 카카오웹툰
권영국 PD님이 이런 얘길 해주었거든
(9화 평래옥 편 때랑 스타일이 바뀌었음)

학창 시절에
신포시장이
저를 먹여 살렸죠.
특히 닭강정 집에는
학생할인이
있었거든요

신포닭강정은 외지분들이 오셔서
줄 서는 경우가 많아서 인천사람들
중에는 건너편 찬누리를 좋아하는
분도 꽤 있어요. 두 집 다 맛있어요

그리고 포장 줄이 길 때는 홀에서
주문해서 먹고, 남은 닭강정
포장해 가면 줄 안 서도 되고
좋습니다

인천 닭강정은 뼈 있는 치킨을
물엿과 고추기름이 든 소스에
막 버무려
계산서
大자는 반반 가능

바삭바삭 끈적끈적
매콤 달콤하다
땅콩↗

생각보다 매워서, 너 그때 하나
먹고 계속 후라이드만 먹었지
하하
난, 후라이드로~

치… 치킨은 후라이드죠!

이제 슬슬 가볼까?
어딜 요?
송도중학교 탐방하러 가야지
치킨은 요?
이건 집에 가서 먹을건데
네에??

신포국제시장

주소 인천 중구 신포동 6-6
전화 032-772-5812 **영업시간** 10:00-21:00 / 가게마다 다름

독자들이 인스타그램 댓글로 추천해주신
신포시장 맛집 :

오래된 냉면집 경인면옥도 추천드립니다 _zwlko_u

찐피자맛집 제이콥스피자도 방문해주세요 _solga.sugar

청실홍실 본점 추천합니다.
판모밀과 통만두가 진짜 맛있습니다 _chj5650

저도 청실홍실에 한표 드려요~♥
냉모밀에 만두 두 판 거뜬해요 _honey.mom26

SINCE 1958
신 신 옥
TEL:766-0303
SINCE 1958
튀김우동
장어튀김
신
신
옥
우리 입맛에 맞는 우

순 대
sundae
米 腸
1인분
5,000
떡볶이
Tteok-bokki
1인분 4,000
오징어튀김 4개   3,000원
김말이튀김 3개   3,000원
야채/고구마튀김 5개 3,000원
팥죽
5,000
오백죽
5,000
1,500

고기만두
5000
3000원
(3개)
찰
옥수수
찰

찬누리닭강정의 후라이드 반, 닭강정 반

오늘도 냠냠냠
49화 남대문시장 갈치골목
와!
자,
여기가 바로
남대문 시장
안에 있는

우리나라 문구의 성지, 알파 본점이야
문구 Art 박물관
ALpha
Artmate

5층 건물 전체가 문구로 가득 차 있지
4 전산/사무용품
3 미술용품/건축/공예
2 유아 교재
1 필기류
B1 디자인/장난감

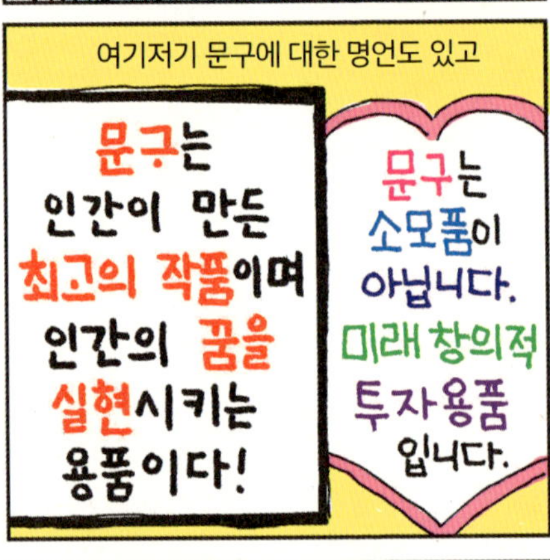
여기저기 문구에 대한 명언도 있고
문구는
인간이 만든
최고의 작품이며
인간의 꿈을
실현시키는
용품이다!
문구는
소모품이
아닙니다.
미래 창의적
투자용품
입니다.

5층에는 문구 박물관도 있어서
옛날 문구들도 구경할 수 있어
새로운
왕자파스
굵은 24 색
왕자표
왕자문구
왕자파스! 이거 엄마 어릴 때 쓰던 건데

연필 만들어지는 과정도 알 수 있다구

문구 마니아인 딸 은영이가 개교기념일로 하루 학교 쉬는 날 같이 이곳을 찾았다.
딸, 뭐 좀 샀어?
네에~

1시간 동안 천천히 쇼핑하고
짜잔
펜
샤프
그림붓
양면테이프

엄마 아빠는요?
난 스케치북이랑 펜이랑 지우개
한자 공부 종이 넣을 클리어 파일

자, 이제 슬슬 점심 먹으러 갈까?
오늘 뭐 먹어요?
시장이니까 먹을 곳이 엄청 많아
뽈마미스
안경

어디까지나 이건 음식 만화니까 말야
유명한 닭곰탕집도 있고 칼국수랑 꼬리곰탕도 있고
근데 오늘 점심은
혼수
토탈
수입
그릇도매상가

여기서 먹기로 결정했단다
갈치골목
別味
Hairtail Alley
帶魚胡同
タチウオの路地に

2개의 좁고 어두운 골목에 20곳 안팎의 갈치조림 식당이 줄지어 있고
내고향갈치
희락갈치
계란찜
원조 갈치조
식당
KBS·MBC·SBS
넥타이맨갈치
이모네
갈
호남갈치
50년 전통의 집
원조
갈치조림
모듬 생선구이
중앙식당 752-28
서해
갈
모듬생선
갈치조림

그중 오래된 곳은 50년도 넘었다고 하더라구
우린 어느 집으로 가요?
왕성갈치
갈치조림

글쎄다. 엄마 아빠가 20년 전부터 몇 번 왔었는데, 딱히 정해놓은 집이 있는 게 아니라서 말야

예전엔 아주 납작한 2층에 올라가 방바닥에 앉아 먹기도 했었는데, 지금은 대부분 식탁으로 바뀌었어
머리조심

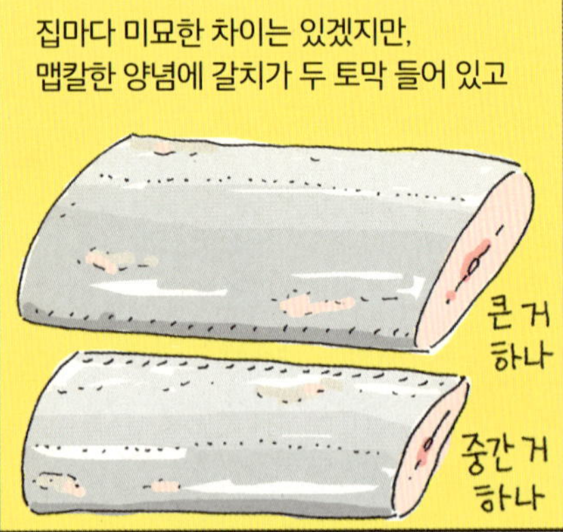

집마다 미묘한 차이는 있겠지만, 맵칼한 양념에 갈치가 두 토막 들어 있고
큰거 하나
중간거 하나

꼬리 부분은 기름에 튀겨서 반찬으로 주지
조림용
튀김용
누구 아이디어 인지 참 기발해

밑반찬은 보통 3가지 정도가 나오고

화산처럼 부푼 달걀찜이랑 마른 김은 대부분의 집에서 공통으로 나와

갈치조림이 담긴 그릇도 양푼냄비랑 뚝배기 등 다양하지만 센 불에 바르르 조리하는 건 똑같아

이날 우리가 고른 집은 이곳
희락 갈치조림
50년 전통
KBS. MBC. SBS 방영

왠지 맘에 들었거든
깨끗한 국내산 갈치로 요리합니다
㈜제주·여수·마산 수산업 협동조합
코다리 양념구이

밥은 리필 가능 →
조경규, 2023.6
큰 거 하나 집고
가시는요?

가시가 많아서 조심해야 돼. 근데 쉬워.
위, 아래 가시를 먼저 바르고
① ⇨ ⇨ ⇨
⇦ ⇦ ⇦ ②

가운데 뼈만 조심해서 살을 골라 먹으면 돼.
아하

커다란 살을 밥 위에 얹어서 한 입-

요 꼬리 튀김은 이렇게 손으로 딱 들고

아빠는 뼈까지 다 씹어 먹어. 힘들면 가운데 큰 가시만 잘 피해서 뜯어먹어도 되구
가시 무서운데
아, 고소해
냠냠

갈치도 맛있지만, 갈치조림의 진짜 주인공은 밑에 깔린 무

양념이 듬뿍 밴 무를 한 숟가락 떠서 밥에 쓱쓱 비벼 먹으면 문자 그대로 꿀맛!

근데 좀 맵지?
어-
조금요

그럴 때 같이 먹으라고
이 달걀찜을 주는 거야

냠 냠

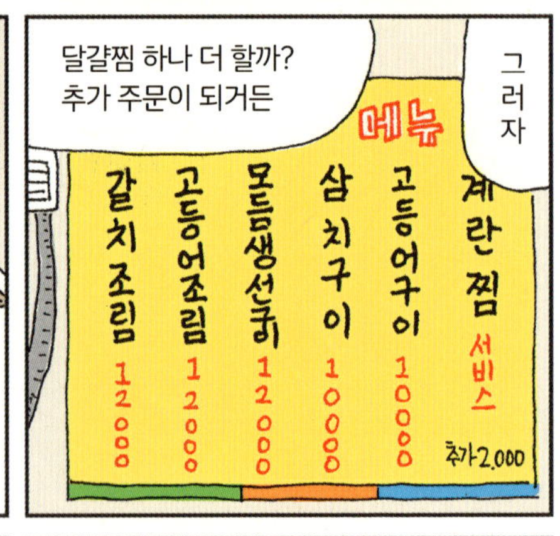

달걀찜 하나 더 할까?
추가 주문이 되거든
그러자
메뉴
계란찜 서비스
고등어구이 10000
삼치구이 10000
모듬생선구이 12000
고등어조림 12000
갈치조림 12000
추가 2,000

기름 없이 담백하게 구운 김에
싸먹기도 하고

야- 잘 먹었다
혹시 사진 좀 찍어도 될까요?
어, 잠깐만요

뚜껑 열고 바글바글 끓는 걸 찍어야지.
자, 이제 찍어요
감사합니다

찰칵
찰칵
바글 바글 바글

잘 먹었습니다
이제 후식 먹어야죠
그렇지

조금 걸어가면 남대문 시장 명물 호떡집이 있는데 한번 가보자
꿀씨앗호떡
팥호떡
₩1500
₩1500
남대문 야채호떡
콩 식용유

당면이랑 채소가 든 야채호떡이 예술이지. 꼭 고로케 같기도 해.
사실 후식은 아니지만

꿀 호떡도 있어. 씨앗 든 거
하나씩 사서 다 먹어봐요!
난 커피도

남대문갈치골목

희락갈치 주소 서울 중구 남대문시장길 22-6 **전화** 02-755-3449 **영업시간** 07:00-21:00 / 매주 일요일 휴무 **중앙갈치식당 주소** 서울 중구 남대문시장길 22-12 **전화** 02-752-2892 **영업시간** 08:30-21:00

1 희락갈치의 상차림. 왼쪽 큰 사진은 중앙갈치식당.

2 가자미, 꽁치, 굴비가 총출동한 희락의 모듬생선구이.

3 이것이 바로 뚜껑 열고 찍은 바글바글 냄비 사진

4 좁고 어둡고 늘 붐비는 남대문갈치골목. 두 건물 사
　이에 지붕을 만들어 생긴 골목이다. 2층에 올라가
　창문으로 밖을 보면 딴 세상이다.

남대문 야채호떡

주소 서울 중구 남대문로 12

1 기름에 담가-거의 튀기다시피-지진 야채호떡에 간장소스를 붓으로 발라준다.

2 메뉴는 세 가지. 야채호떡, 꿀씨앗호떡, 팥호떡. 이건 꿀씨앗호떡의 단면

3 야채호떡에는 야채보다 당면이 훨씬 더 많이 들어 있다. 잡채고로케를 먹는 느낌이다.

4 IBK기업은행 남대문시장점 바로 옆에 있다.

5 남대문 시장에는 호떡집이 몇 개 더 있다. 납작하게 눌러 지지는 전통적인 방식의 호떡 역시 맛있다.

오늘도 냠냠냠
50화 화곡동 푸주옥
푸주옥
진짜 무료 도가니탕

화곡동 하이웨이 주유소 옆길로 들어가면 도가니탕 집이 하나 나온다.
2명이요

설렁탕 하나 도가니탕 하나 주세요

여긴 처음에 어떻게 알게 된 거지?
여기는
아

한 5년쯤 되었나? 형이랑 둘이서 왔었지.
2명이요

아마 그때 나도 물어봤던 거 같은데
여긴 처음에 어떻게 온 거야?
여기는
아

집 근처 설렁탕 잘하는 집 찾다가
5년 전쯤부터 왔지

여기 본점이 경기도 광주에 있어.
나도 아직 가보진 못했는데
셀프 야채 샐러드 코너
1인 1접시만 부탁드립니다

10년 전 남부순환로 신정동 지점에
갔던 게 푸주옥 첫 방문이었어.
분점들이 꽤 있거든

우리 아들이 이 집을 좋아해
그래? 현우가?
지금 중3

파 잔뜩 넣어서 먹어.
파를 엄청 좋아하거든
이야-

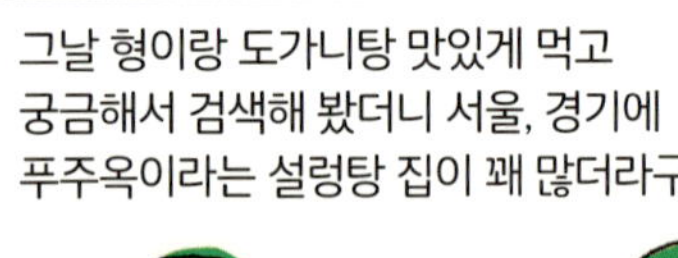

푸주옥 특유의 문장들이 가게 곳곳을
장식하고 있어 읽는 재미가 있다.

흘러가는 세월은 잡지 못해도
건강은 확실히 잡으셔야죠

음식으로 치료할 수 없는 병은
약으로도 치료할 수 없습니다
-히포크라테스

매장에서 끓인 가스비 월 500만 원

제대로 끓인 뼈국물은 보약이어야 합니다.
푸주옥은 소뼈를 오랜 시간 직접 고아
만든 농탁한 국물로 여러분의 건강을
지키겠습니다

프림이다 사골 분말, 땅콩 가루 등
만약 첨가물을 넣어 농탁하게 한 것이면
10억 원 배상하겠습니다

藥食同源
약과 음식은 그 뿌리가 같습니다
음식인 동시에 보약입니다
깍두기 맛있겠다

화곡점에는 특이한 점이 하나 있으니,
소금과 후추 옆에 이런 게 있다.
미원

지구상 그 어느 식당 테이블에서도
아직 본 적 없는 아이템인데 말이지
이걸 과연 넣는
사람이 있을까?

그만큼 자신 있다는 얘기일까?

설렁탕 보통 주문하신 분?
이쪽이요

어느덧 아내
설렁탕이 나오고

오늘의 주인공
도가니탕도
등장~
조경규, 2023.6

도가니 좀 줄까?
노땡큐

말캉말캉 쫀득한 도가니나 스지를
그리 즐기지 않는 아내는 이곳에서
설렁탕이나
갈비탕을 먹고

난 도가니탕이나 설렁탕특을 먹는다.
후추
없이
소금만
조금 넣고

숟가락 바닥이 아예 보이지 않을 만큼
뽀얗고 진한 국물부터 맛보고

스
흡

큰 건더기 하나 들고 소스 찍어서
콕-

우
물
우
물
냠
냠
냠

도가니와 스지가 한가득 들어 있고

별로 먹을 건 없지만, 소 무릎뼈로
추정되는 뼈다귀도 하나 들어 있다.

이 정도 건더기 양이면 '특'으로 하고,
건더기를 줄인 '보통'도 있을 법한데
도가니탕에는 그런 게 없다

소뼈탕
판매개시
₩ ₩15,000

설 농 탕   13.0
특 설 농 탕   16.0
내 장 특 곰 탕 18.0
우 족 탕   22.0
무릎도가니탕   22.0

도가니탕 한 그릇이라면
이 정도는 되어야지요

라고
얘기하는
듯하다

국밥 한 그릇으로 몸보신까지는
잘 모르겠다만

한 그릇 뚝딱 비우면, 좋은 음식을
자~알 먹었다는 기분이 든다.

나도 잘 먹었다. 설렁탕도 맛있어.
국물이 도가니탕만큼이나 진해
히히-
나도
알지

설렁탕 특에는 도가니도 들어 있어
일석이조
고기도
먹고
소면도
먹고
도가니도
먹고~~

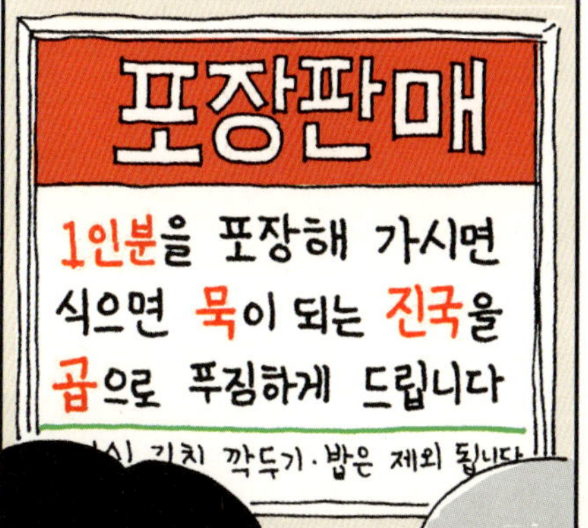
포장판매
1인분을 포장해 가시면
식으면 묵이 되는 진국을
곱으로 푸짐하게 드립니다
공기 김치 깍두기·밥은 제외 됩니다

양쪽 부모님들 2개씩
포장해서 사다 드릴까?
아-
그러자

묵
직
부모님 효도 선물로 굿!
집에서 먹기도 좋고요
1400 g
식으면 국물이 묵처럼 탱글탱글

오늘은 어째 엔딩이 홈쇼핑 분위기네^^
양이 아주 넉넉해서
1인분으로 두 분이
드실 양이에요
야, 이거 아주
묵직합니다
히트상품
매진
임박

푸주옥

본점 주소 경기 광주시 오포읍 신현로 53 **전화** 031-718-0507 **영업시간** 24시간 / 연중무휴
화곡점 주소 서울 강서구 까치산로 183 **전화** 02-2606-3677 **영업시간** 24시간 / 연중무휴

1 푸주옥의 간판 메뉴 무릎도가니탕. 왼쪽 사진은 화
  곡점의 대왕갈비탕. 크기도 가격도 대왕이다.

2 소곱창과 양이 듬뿍 든 내장특곰탕. 도가니도 조금
  들어 있다.

3 진하고 그윽한 도가니탕 국물.

4 좋은 국밥집은 김치가 맛있다.

5 서울에서 고양으로 넘어가는 경계에 있는 서오릉
  점. 간판에 본사직영점이라고 써 있다.

6 식사 후 산책하기 좋은 서오릉. 나에게는 학창시절
  봄소풍으로 가곤 했던 추억의 장소이기도 하다.

오늘도 냠냠냠

51화 명동 명동돈가스

학교 도서관에 들러 공부도 하고
틈틈이 만화 그리기도 게을리 하지 않았다.
그때도 지금처럼 빡빡 머리
바삭바삭

그때 만약 내가 한눈팔지 않고 공부만
했더라면, 이렇게 알차고 재미나고 맛있는
만화는 세상에 존재하지 못했으리라!
맛있당

포크와 나이프로 먹는, 소스를
듬뿍 얹은 얇고 큰 돈가스와
크림 스프

젓가락으로 먹는 두툼한 돈가스는
이름만 같을 뿐 전혀 다른 음식이다.
된장국
물론 둘 다 아주 맛있지요

1983년부터 명동에서 두툼한 돈가스를
만들고 있는 이 집은 일본식 돈가스를
우리나라에 처음 소개한 집이라고
할 수 있다.

그리고 '코돈부루'라는 재미난 이름의 요리를
개발한 곳이기도 하다. 유럽의 코르동 블뢰를
변형한 것으로
Cordon Bleu
리본
파랑
원래는
고기 사이에
햄과 치즈를
넣고 기름에
지지는데

여기서는 얇게 편 돼지고기로 치즈와 피망,
양파, 버섯 등을 감싼 다음

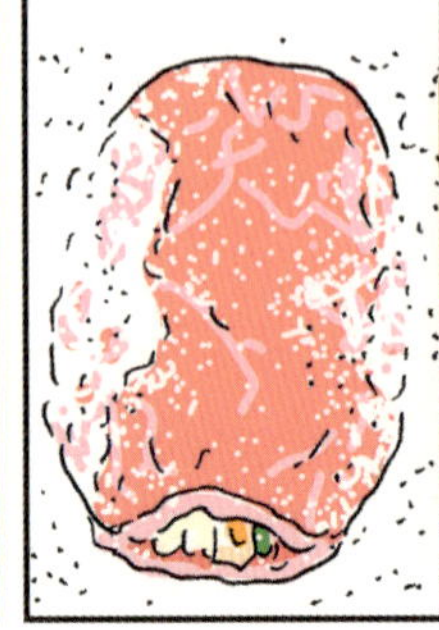
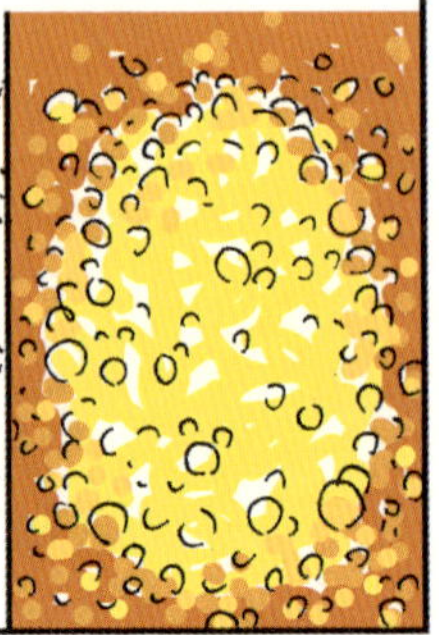

밀가루, 달걀물, 빵가루를 입혀
돈가스처럼 바삭하게 튀겨낸다.

몇 년 전 명동돈가스에 대해
알아보려고 찾다가 홈페이지에
들어간 적이 있다.
오호-
이런 게
다
있었네

그러다가 이 집 창업주가 도쿄 메구로에
있는 돈키에서 조리법을 배웠다는 사실을
알게 되었다.
명동돈가스
브랜드 소개
35년 전통의 명동돈가스
국내 일식 돈가스 원조

이야- 세상 참 좁지. 일본의 그 많은
돈가스 집 중에 돈키라고??
とんき
つか

미국에서 어학연수하던 1996년 여름
룸메이트는 일본인 요시랑 히로였다.

그해 겨울 나 혼자 도쿄에 놀러 갔을 때,
요시가 데려간 식당이 돈키였다.

결혼 후에 아내와 둘이서
가기도 했고

딸 은영이가 8살이던 2013년
요시랑 셋이서 같이 가기도 했다.
마시
써요?
네

낮은 온도에서 천천히 튀겨 튀김옷이
무지하게 바삭한 돈가스와 비계가
동동 뜬 돈지루가 일품이지.

명동돈가스도 창업 초기에는 비계가
붙은 등심을 사용해 더 맛있었다고
하는데

건강에 좋지 않다며 손님들이 불만을
제기해 지금은 살코기로만 만들고
있다고 한다.

매일 먹는 것도
아니고 가끔은
괜찮지 않을까?
보쌈이나 삼겹살
비계도 먹는데
이 정도 가지고.
이렇게 맛있는데

요즘 난 주로 코돈부루를 먹지만
오늘은 치킨부루 한 번 먹어볼까?
나는 늘 먹던 걸루

아내는 지난 20년 내내 새우후라이다.
생선 가스
로스 가스
히레 가스
코돈부루
치킨부루
새우후라이
생 맥주

코돈부루에서 돼지고기만
닭가슴살로 바꾼 치킨부루는
겉모습부터 맛까지
코돈부루랑 거의 똑같다.
파인애플
겨자
단무지
조경규, 2023. 6

지금은 샐러드드레싱이 따로 있지만 30년 전 처음 왔을 때는 돈가스용 소스 하나만 있었다.

그래서 그때처럼 지금도 난 양배추도 돈가스 소스랑 먹는 걸 좋아한다.

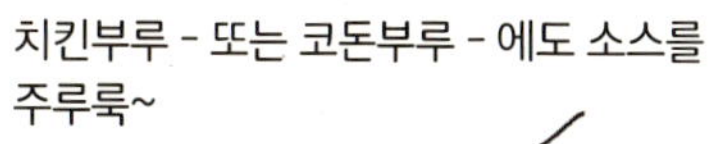

치킨부루 - 또는 코돈부루 - 에도 소스를 주루룩~

그리고 가운데 제일 큰 거 집어서

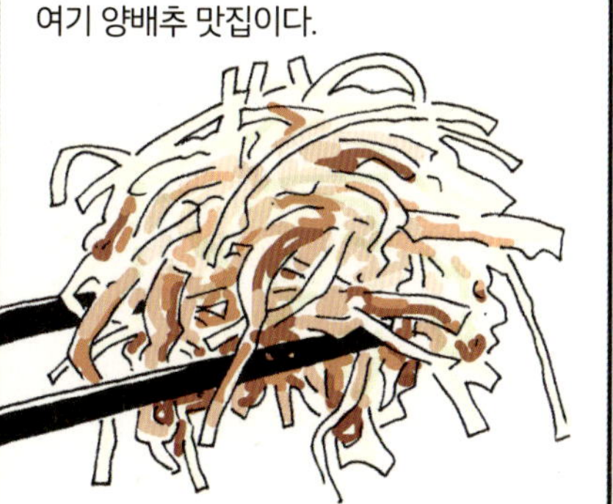

유달리 시원하고 달고 아삭한 양배추! 여기 양배추 맛집이다.

이 집 메뉴 중 제일 비싸지만 무척 맛있는 새우후라이
레몬
타르타르소스

통통하게 살이 오른 새우를 새콤 고소한 타르타르소스에 듬뿍 찍어서

하얀 쌀밥이랑 같이
냠냠냠
바삭
바삭

장국은 젓가락으로 휘휘 저어서 손으로 들고 후루룩~

밥과 장국, 양배추가 부족하면 더 받을 수 있다. 난 늘 밥과 장국 두 그릇에 양배추 추가!

가격이 주는 압박감이 있는 것도 사실.

명동돈가스

주소 서울 중구 명동3길 8
전화 02-775-5300 **영업시간** 11:00-21:00

1 채소와 치즈로 속을 채운 코돈부루. 어? 치킨부루였던가?

2 양배추 드레싱은 취향대로.

3 이렇게 크고 튼실한 새우는 어디서 났을까?

4 돈가스는 히레(안심)와 로스(등심) 두 가지가 있다. 로스가 더 진한 고기 맛, 히레는 좀 더 부드러운 맛이라고 한다. 둘을 동시에 먹으면서 비교한 적이 없어 잘 모르겠다. 난 조금 저렴한 로스가스를 주로 먹는다.

5 점심 시간이면 대기줄이 생긴다. 그치만 워낙 자리가 많아 금방 빈자리가 나온다.

오늘도 냠냠냠
52화 신당동 천팥죽
비가 추적추적 내리던
6월 26일 오전 11시 반
신당
신당
Sindang

월요일을 맞이하여 신당동 다이너
먼데이모닝디스코에 모여
monday
morning
Disco

흥겨운 펑크(funk)와 디스코가 은은하게
울려 퍼지는 그 공간에서

우리는 브런치를 먹고 있었다.
저희 회사에서 지난 주말에
쿠킹클래스를 주최했거든요

요게
그때
사진
인데요
맨 왼쪽에 있는 분이
이다 도시
어?
진짜
잘
지내고
계세요?

네, 대학교에서
불어 교수님
하고 계세요
라고 얘기하는
이 분은
장유리씨.
다
행
이
다

회사를 옮긴 후에도 종종 만나는
식사친구가 되었다.

원래는 다른 집에 갈 참이었는데
공교롭게도 오늘이 임시휴일

어머니 소개로 알게 된 오래된 집인데,
얼마전 아들들이
물려받아 세대교체 되었어요

메뉴는 팥죽, 팥칼국수 딱 두 개.
여름에만 콩국수를 한다.

이름하여 천팥죽. 신당역 4번 출구에서
1분 거리다.

유리씨 추천받고 우리 부부 둘이서
두 번 방문해 모든 메뉴를 먹었다.
오늘은 그 두 번의 방문을 하나로
모아 만화를 한 편 만들려고 한다.
덥다

그런데 우리 부부끼리만 얘기하면
아무래도 내용에 깊이가 없을 테니까
음…
아,
그래!

우리 옆에 가상의 유리씨를 모시고,
같이 먹으면 어떨까
가상?

또 왔습니다
하하하
자,
그럼
·····

천팥죽 메뉴들을
하나하나
뽀개
볼까요?
시작은
팥죽
조경규, 2023.7

정갈하게 만든
고운 팥죽이네요
그쵸? 요 안에
새알심이 가득
들어 있어요
후우우~

저희 집에서는 엄마가
요 새알심을 좋아하시고요

아빠는 팥만 들어간 팥죽을 좋아하세요.
쌀 넣고 같이 끓인 팥죽 말구요
쫀득
쫀득

저는 새알심은 별로고 팥국물에
설탕 넣은 단팥죽을 좋아해요

부모님은 두 분 다
소금만 넣어 드세요
으음
고민되네

난 원래 설탕을 참 좋아하지만
알감자구이나 핫도그에 설탕
뿌리는 건 이상하거든
난 소금
케찹
머스터드

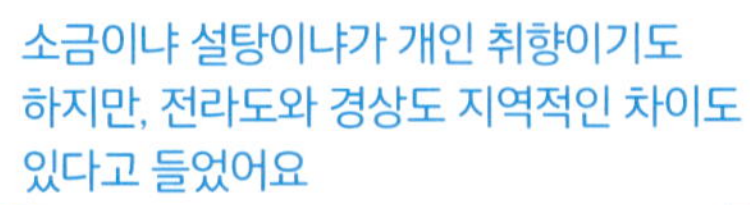

소금이냐 설탕이냐가 개인 취향이기도 하지만, 전라도와 경상도 지역적인 차이도 있다고 들었어요

설탕
소금

저희 아빠는 서울, 엄마는 경상도 분이신데, 저 어렸을 때 전라도 광주에서 2년 살았거든요. 그래서 제가 설탕을 좋아하는가 봐요
난 설탕 조금

중간에 설탕을 넣으니까 두 가지 맛을 다 볼 수 있어서 좋은 거 같애~

옛날 단팥죽 맛이야
언니는 왜 안 드세요?
전 팥을 아예 못 먹어요

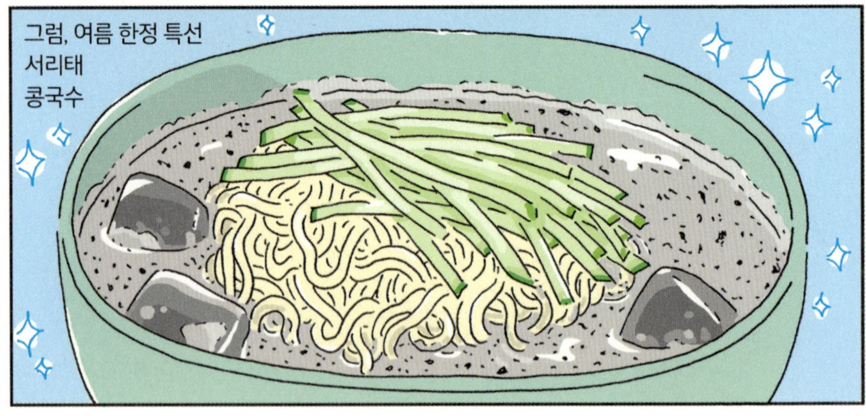

그럼, 여름 한정 특선 서리태 콩국수

가게에서 직접 반죽해 뽑은 생면은 소면보다 도톰하고 칼국수보단 얇아 콩국과 잘 어울린다.

저는 콩국수에는 설탕도 소금도 안 넣고 그냥 먹어요
오

소금만 조금
음~ 좋구만
깨끗한 콩국물이 빨갛게 되는 게 싫어서 김치는 따로 먹음

마지막은 팥칼국수
팥죽이랑 똑같은 국물에 넙적한 국수가 들어 있다.

설탕을 쳐서 겉절이랑 같이 먹으면 단짠의 완성이죠
전 일단 은은한 팥 본연의 맛으로 좀 먹어 볼게요
역시 양이 많군!

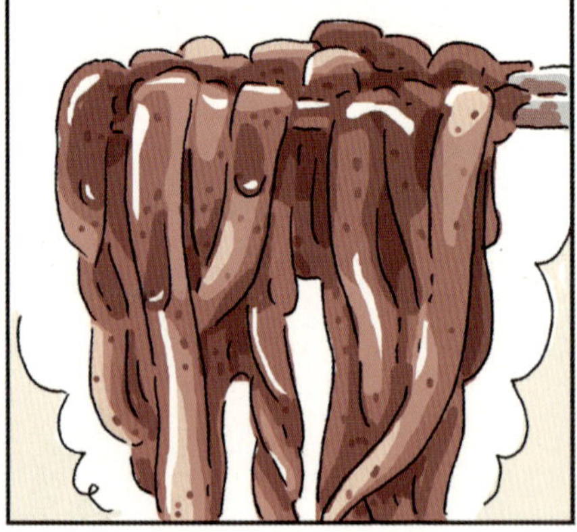

구수하니 참 맛있다. 나중엔 설탕 넣어 디저트로 먹어야지

이 집 음식은 기막힌 별미라기보단 정성어린 손맛이 그리울 때 반사적으로 생각나는 그런 맛이에요. 익숙해서 무서운 맛? ㅋㅋ
아- 벌써 시간이

팥을 먹고 난 후엔 입가를 깨끗하게 잘 닦아 주고~
배부르다

저는 오늘 오후에 용산에서 미팅이 있어서요
아, 그럼
신당동
泉
팥

다음에 또 뵙겠습…

어디 갔지?
어째 좀 으스스 한데, 가상인간

신당동천팥죽

주소 서울 중구 다산로44길 33
전화 02-2237-6385 **영업시간** 10:30-20:00 / 매주 일요일 휴무

1 뜨거운 팥칼국수는 의외로 여름이 제철이었다고
한다. 지금은 사시사철 언제든 먹지만 말이다.

2 동짓날이 오면 팥죽집은 온 세상의 중심이 된다.
전 직원과 일가친척까지 모두 모여 한참 전부터 준
비하고, 새알심 빚기 단기 아르바이트도 구한다고
한다. 그렇게 해도 동짓날 팥죽은 일찍 소진된다고.

3 하나하나 제대로 만들어 정말 맛있는 서리태 콩국수.

4 지하철 2호선과 6호선이 만나는 신당역 4번 출구
로 나와 U턴해서 골목으로 조금만 걸어오다 살짝
고개를 들면 이렇게 생긴 작은 간판을 볼 수 있다.

오늘도 냠냠냠
53화 가평군 가평휴게소
여기는 서울 동쪽의 끝 워커힐 호텔.
반대로 서울로 돌아올 때는 처음 보이는
반가운 얼굴이기도 하다.

나 어렸을 때 가족들이랑
갈비탕 먹으러 몇 번 갔는데
워커힐
호텔에?

응, 야외에서 먹던 그 갈비탕이
지금도 종종 생각나

자동차는 남구리를 지나
덕소삼패 방면으로
덕
소
삼
패?

사물놀이패
같은 건가?
지명 아닐까?
덕소랑 삼패?
(서울-양양 고속도로)
60
춘 천 Chuncheon
덕소삼패 Deoksosampae
영어 표기는 하나의
단어로 되어 있는데?
어, 그러게

저기 덕소가 있잖아. 역시 덕소랑 삼패인가봐
그런가 보네

춘천-양양 고속도로로 들어서 신나게 달리다 보니 어느새
설악? 벌써 설악산 도착했어?
4 설악
37
청평 Cheongpyeong
서악 (가평군)
아이참

여기는 경기도 설악이구. 왜 거기 있잖아. 막국수 먹었던 데
아하

혹시 네자매 평강막국수?
그치

매콤하니 맛있겠다
그치만 오늘은 좀 더 가야 하니까

휴게소
가평 GAPYEONG
잠깐 쉬었다 가자.

고소한 잣의 산지로 유명한 가평군의 가평휴게소는
24시간 무료
펫 파크
TASTY 1 가평휴게소

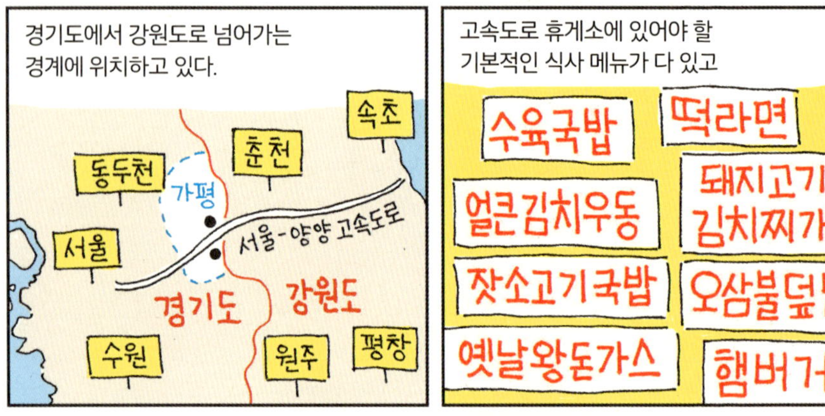

경기도에서 강원도로 넘어가는
경계에 위치하고 있다.
속초
춘천
동두천
가평
서울 - 양양 고속도로
서울
경기도
강원도
수원
원주
평창

고속도로 휴게소에 있어야 할
기본적인 식사 메뉴가 다 있고
수육국밥
떡라면
얼큰김치우동
돼지고기
김치찌개
잣소고기국밥
오삼불덮밥
옛날왕돈가스
햄버거

필수 간식들도
두루 갖춰져 있다.
바삭
고소한 어포
핫바
소떡소떡
도깨비핫도그

그래도 우리가 이곳에 들르는
가장 중요한 이유는 바로 이것
WALNUT PINE NUT CAKE
호두 잣 과자

2009년 오픈 이후 십수 번을 먹어
왔는데, 여전히 그냥 지나칠 수
없게 만드는 굉장한 맛이다.
가평
휴게소
호두잣과자
부드러운 호두 과자와
고소한 우리 잣의 만남
WALNUT PINE NUT CAKE
가평 휴게소에서 만나요
한 봉지 (14개) 6,000원

보통 고속도로 호두과자에
잣 몇 알을 추가했을 뿐인데
우
와
호두잣과자

잣에서 나온 고소한 기름이 코팅된 껍질이
바삭하기 이루 말할 수 없고

안에 든 뜨거운 팥소는 놀라우리만치
크리미 하다.
조경규, 2023.7

미리 식혀놓은 두 봉지를 박스에 담아
선물용 세트로도 판매 중이지만
호두 잣 과자
호두 잣 과자

바로 만들어 따끈따끈한 과자에 절대
비할 수 없다.
어?
호두잣과자
CAFE P

맛남셰이크가
새로 나왔나봐
먹어보자!
오직 파리바게뜨
가평 휴게소에서
가평맛남SHAKE

2021년 8월 발매 이후, 예약과 줄 서기
없이는 구하기 힘들 만큼 많은 관심을
받았던
맛남샌드
가평맛남샌드
한 박스
(10개)
16,000원

우리나라 방방곡곡 있는 프랜차이즈 빵집
제품이지만 이 휴게소 지점에서만 맛볼
수 있는 특별한 과자다.
RIS BAGUETTE

구성은
이렇고
크림
버터쿠키
가평
잣
솔티드
캐러멜

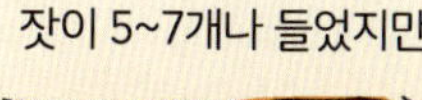
잣이 5~7개나 들었지만

그윽한 버터향과 진한 캐러멜 맛에
막상 잣의 존재는 크게 느껴지지 않는다.
뭐 그치만 확실하게 맛있다!

인기가 어느 정도 수그러들어 이젠
별다른 대기 없이 살 수 있는 분위기.
우리는 가는 길에 한 박스 사서
여행 중 당충전할 때
하나씩 먹곤 한다.

휴게소 안의 여러 매장에서 잣을
이용한 다양한 음료를 판매하고 있고

지난 몇 년간 하나하나 맛본 결과, 내 1등은
잣 블라스트

역시
이곳 지점
에만 있음

만드는 과정을 구경할 수 있고

정확한 매뉴얼은 모르지만.
아작아작 맛있는 가평 잣을 넉넉하게
20여 알 토핑해
준다.

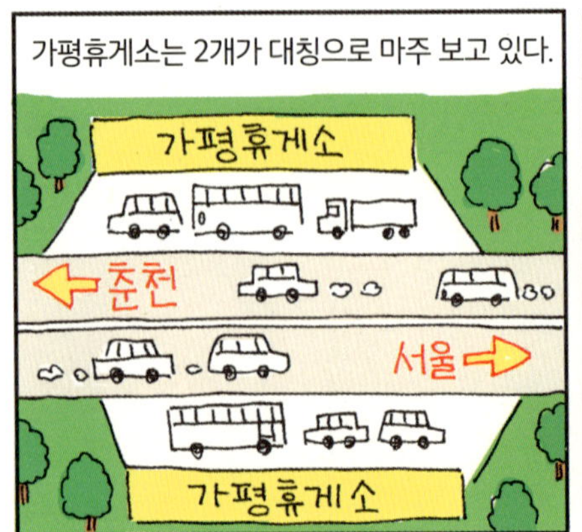

가평휴게소는 2개가 대칭으로 마주 보고 있다.
가평휴게소
← 춘천
서울 ⇨
가평휴게소

서울 방향에는 가평군 특산물을
파는 매장이 있다.
물론 잣이 주인공이다.
가평잣
가평잣
가평잣
가평잣
가평잣
가평

잣국수나 잣엿 같은 가공품도 있지만
먹어보니 큰 매력은 없더라.
가평잣
가평잣
가평 잣 (140g)
Gapyeong
Pine Nuts
17.000

가장 가치 있는 것이라면
역시 그냥 잣

운전하면서 몇 알 집어 먹으면
귀하디 귀한
고소함이
입 안
가득
퍼져
나간다.

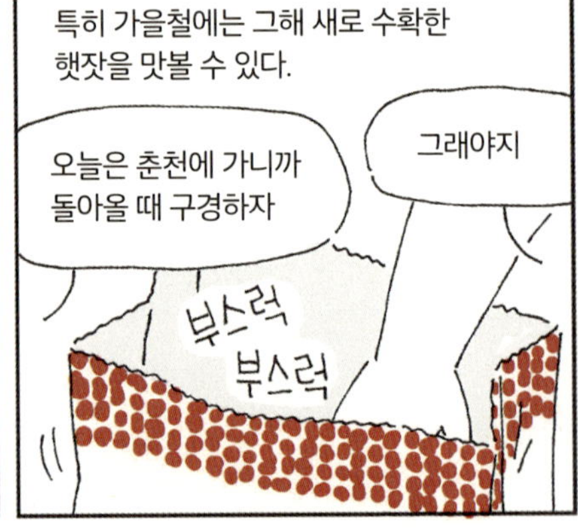

특히 가을철에는 그해 새로 수확한
햇잣을 맛볼 수 있다.
오늘은 춘천에 가니까
돌아올 때 구경하자
그래야지
부스럭
부스럭

벌써 다 먹었어?
그러게. 순식간에 끝났네

2021년 여름부터 시작한 이 만화가 어느덧 2년 하고도 한 달이 되었어
TASTY 1

원래 1년 예정으로 시작했잖아
그러게 말야. 다들 재미나게 봐주신 덕분에 여기까지 온 거지

나도 물론 재밌었구
근데 휴재 공지는 어떻게 할 거야?
음, 그게 고민해 봤는데

그냥 이렇게 하려고
2년 정도 쉬면서 더 열심히 먹고 준비해서 다시 돌아오겠습니다. 다음엔 서울과 수도권을 넘어 전국을 누비며 우리가 좋아하는 식당들을 소개하려고 한다고
어때?
음음

여러분 모두모두 건강하고 맛있는 시간 보내시기를!!
감사합니다! 또 뵈어요~
강원도
Gangwon-do

가평
호두 잣 과자
WALNUT PINE NUT CAKE

가평휴게소

춘천방향 주소 경기 가평군 설악면 미사리로540번길 51 **전화** 031-584-1426
영업시간 가게마다 다름 / 호두잣과자 08:00-20:00 (주말은 22:00까지) / 파리바게
뜨 07:00-22:00

1 철컹철컹 기계가 움직이며 호두잣과자를 만든다. 반죽을 붓기 전, 잣과 호두를 먼저 넣는다. 개당 잣이 5개쯤 들어가는 것 같다. 예전에는 제작 과정을 가까이서 볼 수 있었는데, 지금은 기계가 매장 안쪽으로 들어가서 잘 보이지 않는다.

2 주문과 계산은 키오스크로 하고 줄을 서서 과자를 받는다.

3 동글동글 귀여운 호두잣과자들. 뜨거우니 조심하자.

4 보통 호두과자와 다르게 표면에 윤기가 자르르르 흐른다.

5 이토록 크리미하고 실키한 팥소라니!

1 파리바게뜨 쇼윈도를 통해 맛남샌드 만드는 전과 정을 구경할 수 있었는데, 언제부터인가 만드는 모습이 안 보인다. 과자 박스는 잔뜩 쌓여 있는데 말이다. 그날그날 다른 건지 잘 모르겠다.

2 휴게소 가운데에는 호빵 찜기 모양의 삼립하우스가 자리잡고 있다. 업그레이드 버전의 크림빵과 호빵을 만날 수 있다.

3 어릴 적부터 먹어오던 삼립 크림빵의 드림 버전. 크림이 듬뿍 들었고, 우유로 반죽한 빵도 더 맛있어졌다.

1 오늘 점심은 떡라면이다.

2 편의점에 줄지어 쌓여 있는 졸음 방지껌.

3 서울 방향에 있는 가평군 특산물 매장.

4 2009년 오픈한 가평휴게소는 규모가 크고 전반
   적으로 깨끗하고 잘 정리되어 있다는 인상을 준다.

특히 아침에 도착하면 새벽 공기와 부드러운 햇살
이 인상적이다. 이곳은 2019년 9월부터 SPC삼립
이 인수받아 운영 중이다. 파리바게뜨, 던킨, 베스
킨라빈스, 파스쿠찌 등 SPC계열사들이 많이 입점
해 있다.

5 식당들이 모여 있는 푸드코트는 여느 고속도로 휴
   게소와 분위기나 메뉴 구성이 비슷하다.

2009년 오픈했을 당시의 호두잣과자 봉투. 처음 먹어보고 너무 맛있어서 봉투를 간직하기로 마음먹었다. 가격은 지금의 딱 절반인 3,000원. 봉투 옆면에는 재료 성분과 영양 정보까지 표기되어 있다. 호두잣과자의 성분은 다음과 같다 : 밀가루, 계란, 마가린, 포도당, 베이킹파우더, 전지분유, 팥, 적태, 정제염, 설탕, 잣, 호두.

2023년 현재 사용 중인 봉투

<오늘도 냠냠냠>은 어떻게 만들어질까?

바른 자세를 유지하기 위해 약 30도 정도 기울기의 제도용 그림판을 사용한다. A4 크기의 스케치북에 연필로
선을 그리고 그 위에 펜으로 그림을 그린다. 이 사진은 3권 표지를 그릴 때 찍은 것으로 1, 2, 3권은 붙여 놓으면
표지 그림이 연결된다.

자로 칸을 만들고 연필로 스토리와 대사를 쓰면서 스케치를 한다. 연필 스케치는 2번 한다. 처음은 아주 러프하게, 두번째는 좀 더 정교하게. 가령 맨 마지막 양배추 그림은 아직 1단계이고 맨 첫 줄 주문서 그림은 2단계다.

연필선이 완성되면 그 위에 펜으로 그림을 그린다. 그리고 싶은 순서대로 그리기 때문에 앞뒤 위아래 왔다 갔다 한다. 사용하는 펜은 0.1mm 두께로 아주 가늘다. 한 화는 A4크기 종이 4장 분량이다.

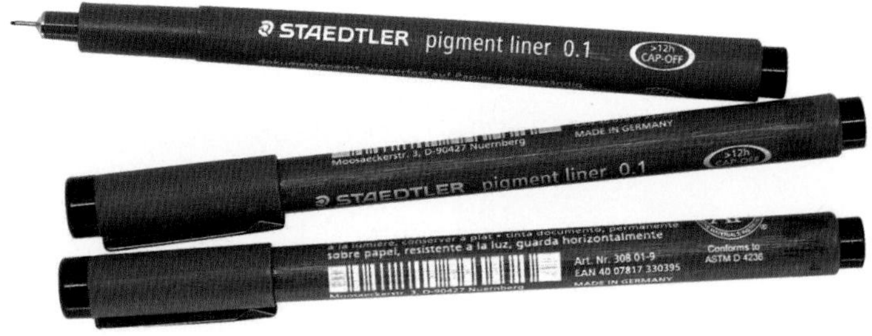

펜 선이 완성되면 지우개로 연필 선을 지운다. 그 전에
꼭 해야 하는 일은 연필로 쓴 글을 텍스트로 컴퓨터에
입력하는 것. 종종 그 과정을 까먹고 지우개로 지우는
참사가 발생하기도 한다. 물론 내가 다 쓴 글이지만,
이렇게 그림만 보면서 예전의 글을 100% 되살리기는
불가능하다.

지우개로 말끔하게 연필 선을 지운 그림을 스캐너라는 입력장치를 이용해 컴퓨터 이미지 파일로 변환한다. 어도비 포토샵으로 불러들여 그림을 깔끔하게 정리하고 네모난 칸을 만든 후 색칠을 한다. 내가 만족하는 색깔이 나올 때까지 작업을 반복하다 '이쯤 되었다' 싶으면 마무리한다. 보통 한 화를 만드는 데 일주일쯤 걸린다. 정말 전념해서 하루 종일 이 작업만 한다면 4일 안에 끝낼 수도 있지만, 그러면 안 되지.

오늘도 냠냠냠 3
© 조경규 2023

1판 1쇄 발행 2023년 10월 10일
1판 2쇄 발행 2025년 6월 20일

지은이 조경규
사진 방현선

펴낸이 김송은
편집 김여름
디자인 송윤형
펴낸곳 송송책방
등록 2011년 5월 23일 제2011-000094호
주소 03057 서울시 종로구 창덕궁길 84, 102호
전화 070-4204-7572
팩스 02-6935-1910
전자우편 songsongbooks@gmail.com

ISBN 979-11-90569-60-6 17910

• 파본은 구입하신 서점에서 바꾸어 드립니다.